Franken

Stephan u. Walter Thierfelder
Ernst-Otto Luthardt

Franken

Burgen und Schlösser

FLECHSIG

Für Helga und Ingeborg

Umwelthinweis:
Dieses Buch und der Umschlag wurden auf chlorfrei gebleichtem Papier gedruckt.
Die Einschrumpffolie – zum Schutz vor Verschmutzung – ist aus umweltverträglichem und recyclingfähigem PE-Material.

Titelseite: Schloß Mespelbrunn im Spessart

Kleine Bilder von oben nach unten:
– Festung Marienberg, Würzburg
– Schloß Weißenstein, Pommersfelden
– Burg Gößweinstein an der Wiesent
– Reste der Burg Allenstein über dem Weisachtal

Rücktitel: Schloß Mitwitz im Coburger Umland

Sonderausgabe für Flechsig-Buchvertrieb
Genehmigte Lizenzausgabe für
Verlagshaus Würzburg GmbH & Co. KG, Würzburg

Originalausgabe: Weidlich/Flechsig Verlag, Würzburg
Gesamtherstellung: Egedsa, Sabadell
Printed in Spain
ISBN 3-88189-370-9

Inhalt

»Deutschland in Europas Mitte, Und in Deutschlands Mitte Franken ...«

F. Rückert

Das Burgenland Franken

Hutten, Franz, einer der letzten wirklichen Ritter, war ebenso Franke wie Grumbach, Wilhelm und dessen Freund Stein zu Altenstein, die vermutlich die allerletzten und folglich deshalb vom hehren Ideal etwas weiter entfernt waren. Ihre Bergnester, durch Menschen- und Naturgewalten zu Ruinen geworden, gehören zu jenen ursprünglich sechshundert Burgen des mittelalterlichen Frankens. Ein solch dichtes Netz an Wehrbauten gab es nur noch in Schwaben und am Mittelrhein.

Daß Franken zu den großen deutschen Burgenlandschaften zählt, verdankt es gleichermaßen Geographie und Politik. Die Barrieren der unter- und oberfränkischen Berge verlockten zur Vervollkommnung durch Menschenwerk. Die Flußtäler mit den wichtigen Handelsstraßen bedurften des Schutzes.

Auf dem Fränkischen Jura gab es besonders viele Täler zu sperren, Höhen zu besetzen. Deshalb die vielen Burgen, die Steigerung noch gegenüber dem Umland. Aus der Luft sieht das so aus, als läge dort eine der berühmten Nürnberger Spielzeugschachteln offen. Vielleicht einem Riesen gehörend, dem Burgenbauen und -zerstören zur liebsten Beschäftigung wurden ... Wo aber die Umgebung den (Wehr-) Dienst verweigerte, die Höhen fehlten, hat man

sich listig des Beistandes der Flüsse oder Bäche versichert und Wasserburgen gebaut. Soweit die natürlichen Voraussetzungen.

Daß sie die politischen mitbestimmten, steht außer Frage. Landschaft spielt immer mit – ob dafür oder dagegen, kommt auf den Standpunkt an. Den Rittern konnte es nur recht sein, wenn sich ein Berg querlegte zwischen ihnen und einem Widersacher, ein Fluß Grenzen zog. Die Umgebung machte sie stark, sie wiederum verstärkten das Umfeld. Ohne Not wäre es anders gekommen vielleicht. So aber fühlten sie sich im wahrsten Sinne des Wortes in der Klemme. Saßen zwischen den geistlich-weltlichen Herren von Bamberg und Würzburg (auch Fulda), den markgräflichen von Ansbach und Kulmbach-Bayreuth und den Patriziern der Reichsstadt Nürnberg. De facto nur dem König verpflichtet, wollten sie es auch in der Praxis bleiben. Hinzu kamen Erschütterungen, Veränderungen in der sozialen Struktur der Ritterschaft selbst. Die alten Rittersleute bekamen neue Gesellschaft durch Ministerialen, königliche oder fürstliche Beamte also, die Karriere machen wollten und es, wie die Zollern, zur Markgrafenschaft in Franken oder Kurfürstenwürde in Brandenburg brachten. Auch gab es nicht seltene und ziemlich erfolgreiche Versuche, aus einer Ritterburg in eine fürstbischöfliche Residenz zu wechseln, das Schwert mit der Mitra zu verbinden. Frankens Burgen und Schlösser zeugen von diesen Turbulenzen, von vergangener und gegenwärtiger Macht und Pracht.

Der Traum von der Unbesiegbarkeit – die Burg

Die ersten einfachen Burganlagen auf markantem Bergplatz dienten zum Überleben. Dann, weiter in der Zeit und im Anspruch, zum Besserleben. Geschützt werden mußte jetzt auch der sich mehrende Besitz. Holzwände waren überwindbar, Stein versprach Unbeugsamkeit. Ein geeigneter Standort war bereits die halbe Miete. Wenn irgend möglich auf schroffem Fels und mit Steilwänden an drei Seiten. Die vierte, offene mit Vorburg gesichert, mit Halsgraben und Schildmauer. Sämtliche Verteidigungskraft in eine Richtung konzentriert. Die Strategie: Aus sicherer Defensive offensiv werden. Kriegs-, Beute-, Rachezüge unternehmen. Den Besitz, den Einfluß bei Strafe des eigenen Untergangs mehren. Sich dem Himmel im zwiefachen Wortsinne nähern.

Umso abrupter das Ende jener Illusion von der Unbesiegbarkeit der Burg. Neuer Angriffsmaschinerie und daraus resultierender Zerstörung scheinbar sicherer Refugien hatten die Bedrängten nicht viel entgegenzusetzen. Ein letzter Versuch wider die Bewegung, die Geschichte: Man igelte sich ein. Vervielfachte den Schutz der Mauern. Errichtete ausgeklügelte Bastionen. Die Hoffnung ihrer Bauherren und -meister äußerte sich bereits im Namen dieser neuen Anlagen: Aus Burgen wurden Vesten – in Würzburg oder Nürnberg, Coburg oder Kronach und so weiter.

Burg und Ortschaft Pottenstein – vielbesuchte Fremdenziele in der Fränkischen Schweiz

Geboren aus dem Wandel der Zeit – das Schloß

Man friert schon beim Gedanken an die Burgenwinter. Man zittert bei der Vorstellung, sich in die engen, schweren Rüstungen zwängen zu müssen. Ganz zu schweigen vom Wissen um die mittelalterliche Hygiene. Aus Überheblichkeit, aus törichtem Fortschrittsglauben heraus malten wir lange das Mittelalter schwarz. Leben wir heute nicht auch mit Kriegen, Pestillenzen, Hungersnöten? Sind uns die Scheiterhaufen für Andersdenkende so fern, so fremd? Tatsächlich scheinen die Urteile, Werte, Kriterien einer Epoche un- oder nur leidlich tauglich für andere. Man übersieht, daß nur jenes vermißt wird, was man kennt. Die Bergfriede garantierten so lange Weitsicht, bis die Erfindung des Fernglases das menschliche Auge samt steinernem Turmpodest düpierte. Insofern ist jener oft zitierte historische Weg von der Burg zum

Schloß als einer von der Primitivität zur Bequemlichkeit falsch. Die höfische Kultur war – natürlich – anders als unsere, aber keineswegs primitiv. Die Ritter wußten nicht nur zu kämpfen, sondern auch zu leben. Jagten am Morgen, übten sich im Waffengebrauch, handwerkerten am Tage, spielten, sangen musizierten am Abend. Architektur, Plastik und Malerei standen in höchster Blüte. Das Ideal der Hohen Minne war das erste kompakte abendländische Erziehungsprogramm bzw. praktische Lebensphilosophie. Das Rittertum ging unter, weil man erstens das eigene Konzept mehr und mehr ignorierte und zweitens, weil es inzwischen neue, andere Programme und neue, andere Initianten gab.

Der Niedergang der Burgen und die Stunde der Schlösser resultiert aus sehr unterschiedlichen, aber letztlich in eine Richtung zielenden Gründen. Zunächst war es wohl die Vergrößerung der zu schützenden Territorien: Früher zuvörderst die Burg (die zugleich oppidum = Stadt war), nach und nach auch das Land und die entstehenden Städte. Die Mauern der Burg wurden zu eng, um den Besitz der Herren zu fassen. Die Raumfrage mündete in jene nach der Lebensqualität, die jeder Epoche, ja jeder Generation Antrieb ist. Schließlich entwickelten die Patrizier in den Städten eine von der ritterlichen abweichende Methode, reich und mächtig zu werden. Handwerk und Handel versprachen ungeheueren Gewinn, die droben auf ihren Burgen verkamen im wahrsten Sinne zu armen Rittersleuten. Oder sie schafften den Sprung, sich anzupassen. So, wie die Burgen, die Schlösser wurden. Das andere Extrem war die Ruine.

Schlösser repräsentieren nicht Sicherheit wie die Burgen, sondern zuvörderst Vermögen. Das wurde nicht in eisenbeschlagenen Truhen und geheimen Verliesen versteckt, sondern in Ländereien, Immobilien, Manufakturen und anderen profitablen Unternehmungen angelegt. Schlösser spiegeln aber nicht nur materiellen Reichtum, sondern auch solchen an Ideen, Geist, Geschmack. Wie die Burgen zuvor sind sie architektonisches Inventar ihrer Zeit.

Burgenwege

Vorliegendes Buch will die Geschichte und Geschichten der fränkischen Burgen und Schlösser erinnern, deren Freunden genügen und ihnen neue gewinnen. Angesichts der besagten Fülle konnte nicht Vollständigkeit das Ziel sein. Es wurden wichtige, interessante Anlagen eingebracht. Auswahl aber war trotzdem geboten.

Unsere Reise beginnt an der Grenze zu Thüringen, die – Gott sei Dank – nur noch eine grüne ist, und trägt damit einer alten kulturellen Verbundenheit Rechnung. Der Richtung des Uhrzeigers folgend, erschließen wir uns in einem großen Bogen das Frankenland.

Diese dominierende territoriale Gliederung wird durch thematische Einschübe ergänzt. Sie berücksichtigen herausragende einzelne Anlagen (wie die Kirchenburg in Ostheim), Burgen der Dichter und Visionäre, Schlösser inmitten berühmter Gärten.

Begegnung mit Burgen und Schlössern sind immer auch Begegnungen zwischen verschiedenen Zeiten. Romantisches Gefühl entwickelte sich erst im Nachhinein, aus der Distanz. Man assoziiert Turniere, Feste, mutige Männer, schöne Frauen. Man schaudert vor dunklen Verließen und gräßlichen Folterinstrumenten. Man erzählt sich Märchen …

Mit der einst thüringischen Exklave Ostheim kam auch eine der größten und besterhaltenen deutschen Kirchenburgen zu Bayern.

Einige der sogenannten »Gaden« (Speicher mit Kellerräumen) werden noch heute genutzt. In früheren Notzeiten waren sie – wie jener Stall zu Bethlehem – Herberge für Vieh und Mensch.

Die Lichtenburg, nördlich von Ostheim, wurde 1168 erstmals erwähnt und kam von den Hildenburgern an Fulda. Aus dieser Zeit stammt auch der 28 Meter hohe Bergfried.

Auf der seit 1161 bezeugten Salzburg saßen u. a. die von den Würzburger Bischöfen mit der Verwaltung des Salzgaues beauftragten Vögte. Als Ganerbenburg beherbergte sie mehrere herrschaftliche Familien.

Auch wenn sie vom Waldmeer fast verschlungen wird, ist Bad Neustadts steinerne Burgenkrone immer noch beeindruckend. Während der südliche Teil der Anlage bewohnt und nicht zugänglich ist, lädt im nördlichen eine Schenke zur Einkehr ein.

Nach der Zerstörung durch den Bildhäuser Bauernhaufen (1525) und den »Wilden Markgrafen« (1555) wurde die alte Burg der Henneberger als Schloß wiederaufgebaut und birgt heute ein aus einer Privatsammlung hervorgegangenes sehenswertes Museum.

Sowohl Burg Bodenlauben als auch die Trimburg sind mit Namen und Wirken zweier Minnesänger verbunden. Der Henneberger Otto I. von Bodenlauben war selber Burgherr, während Süßkind von Trimberg aus der unterhalb der Burg gelegenen gleichnamigen Ortschaft stammen soll.

Schloß Saaleck über Hammelburg besitzt durchaus historische Legitimation, als Weingut beziehungsweise Hotel genutzt zu werden: Die Weinberge ringsum sind schon seit 777 – und damit so früh wie in keiner anderen fränkischen Gemeinde – bezeugt.

Der Färbung der Sandsteinmauern wegen hat die ehemalige Fuldisch-Fürstäbtliche Schloßkellerei in Hammelburg den Namen »Rotes Schloß« bekommen.

Wie Burgsinn (links) und Irmelshausen (oben) zählt auch Unsleben (folgende Doppelseite) zu den romantischen Wasserschlössern Frankens. Burg Rieneck (links) 1173 erstmals erwähnt, kam erst 1815 an Bayern.

Schloß Eyrichshof (oben) an der Baunach und die Ruine Rotenhan (oben u. links) – zwei Kapitel einer Familiengeschichte.

Schloß Untermerzbach geht auf die 1886 erloschene gräfliche Linie der Familie von Rotenhan zurück.

Die Reste der Burg Altenstein überm Weisachtal werden als »schönste Ruine« Frankens gerühmt; der verfallene Chor der Burgkapelle ist besonders beeindruckend.
Schloß Banz (links) wurde 1069 von Alberade, der letzten Erbtochter des Grafen von Schweinfurt, den Benediktinern geschenkt und ist heute im Besitz der Hanns-Seidel-Stiftung.

In der Nähe von Ebern, zwischen Itz und Baunach, liegt Gereuth mit dem alten und neuen Schloß und der Pfarrkirche.
Das Wasserschloß Brennhausen (rechts) wird von zwei durch einen Querflügel verbundenen, quadratischen Wohntürmen dominiert.

Schloß Tambach im Coburger Land ist vor allem durch den großen Wildpark bekannt geworden.

Erst nach einer Volksabstimmung im Jahre 1920 kamen Coburg und sein Umland zu Bayern. Die – »Fränkische Krone« genannt – Veste über der Stadt birgt Kunstsammlungen von europäischem Ruf.

Schloß Mitwitz im schlösserreichen Coburger Umland gehörte ursprünglich den Freiherren von Schaumberg. Obiges Foto zeigt das Torhaus.

Die Veste Rosenberg über Kronach, wurde 1247 erstmals erwähnt. Ihr heutiges Aussehen geht auf das 15. Jahrhundert, ihre besondere Wehrhaftigkeit auf die Jahre 1656–1700 zurück.
Die Eremitage in Bayreuth (folgende Doppelseite) führt hin zu einer ungewöhnlichen Frau: Markgräfin Wilhelmine schuf sich hier ihre eigene Rokokowelt.

Auch der zu Füßen der Burg Zwernitz gelegene Felsgarten »Sanspareil« (hier mit dem Morgenländischen Bau) widerspiegelt die schöpferische Empfindsamkeit der Markgräfin Wilhelmine.
Als ehemaliger hennebergischer Besitz verfiel die Burg Königsberg (rechts) bereits im 18. Jahrhundert.

Burg Lauenstein über der gleichnamigen Ortschaft grüßt sowohl Franken- als auch Thüringerwald. Die pittoreske Anlage geht auf die Orlamünder zurück, an deren Schicksal die gespenstische Erscheinung der Weißen Frau erinnert.
Die Burg Epprechtstein im Fichtelgebirge (rechts) wurde bereits 1353 zerstört und bietet heute – in der Verbindung von gewachsenem und gemauerten Gestein – einen besonders reizvollen Anblick.

Die Neue Residenz gilt als das erste der großen Schönbornschlösser in Franken und bildet zusammen mit der Alten Hofhaltung und dem Dom ein herrliches Bauensemble.

Schon von weitem grüßt das markante »Butterfaß« des um 1400 errichteten Bergfrieds der Altenburg. Erhalt, Renovation und Wiederbelebung der im 19. Jahrhundert zum Abriß bestimmten und heute als Hotel genutzten Anlage ist dem Bamberger Altenburgverein zu verdanken.

Während Schloß Seehof in Memmelsdorf bei Bamberg in alter Pracht wiedererstanden ist, lebt dessen Garten, einer der schönsten des Rokokos in Deutschland, z. Zt. nur noch in der Erinnerung.

Höhepunkt der Parkanlage waren die Seen mit den Fontänen und die fast vierhundert Plastiken von Ferdinand Tietz.

Das Geschlecht derer von Aufseß geht auf das Jahr 1114 zurück und glänzt bis in die Gegenwart: Hans Freiherr von und zu Aufseß gründete einst das Germanische Museum in Nürnberg, Hans Max Freiherr von und zu Aufseß setzte seiner fränkischen Heimat in vielen erfolgreichen Büchern ein literarisches Denkmal.

Die Burg aus der zweiten Hälfte des 12. Jahrhunderts kam – über die Greifensteiner und die Schlüsselberger – 1793 an die Grafen Schenk zu Stauffenberg, die sie bis heute bewohnen und einen musealen Teil der Öffentlichkeit zugänglich gemacht haben.

Der Anblick der Burgen Rabeneck (links) und Egloffstein über den Tälern der Wiesent beziehungsweise Trubach gehört zu den schönsten der Fränkischen Schweiz. Anstelle der alten Kapelle von Burg Egloffstein steht heute eine katholische Pfarrkirche.

Die Ursprünge der Burg Gößweinstein sollen auf das 11. Jahrhundert zurückgehen; ist nachromantisches Gegenstück zur barocken Pracht der benachbarten Wallfahrtskirche.

Burg Rabenstein über dem Ailsbachtal wurde erstmal 1188 beurkundet und verbindet heute, als Gästehaus, mittelalterliches Flair mit modernem Komfort.

Laut »Goldener Bulle« hatte der jeweils erste Reichstag, den die gewählten deutschen Könige abhielten, auf der Nürnberger Burg stattzufinden. Seit 1424 wurden hier auch die Kroninsignien verwahrt.

Lange nachdem der Stein aufgehört hatte zu werden, ließen ihn die Nürnberger in Mauern, Türmen, Palassen noch einmal wachsen.

Schloß Ratibor in Roth wurde von Sixtus Kornberger erbaut und erinnert mit seinem Namen an die schlesischen Besitztümer des Bauherren, Markgrafen Georg den Frommen von Ansbach.

Die große Zeit der Abenberger Grafen war jene der Staufer: 1230 bereits erlosch das Geschlecht. Auch wenn man weiß, daß nicht alles, was diesen Eindruck erweckt, mittelalterlichen Ursprungs ist, bietet die Anlage einen besonders stimmungsvollen Anblick.

Ländliche Schloßidylle: Helmhofen in Oberfranken

Die Pfalz zu Forchheim war als Wasserburg angelegt; der Palas birgt wertvolle alte Wandgemälde, die erst im 18. beziehungsweise 19. Jahrhundert freigelegt wurden.

Die Cadolzburg westlich von Zirndorf gewann durch die Zollern an Bedeutung. Burggraf Friedrich VI. erhielt 1415 das Kurfürstentum Brandenburg verliehen.

Altes Gemäuer und neue Kunst: Schloß Spielberg auf den nördlichen Ausläufern des Hahnenkamms.

Die seit 1282 bekannte Burg Neuhaus gehörte ab 1411 dem Deutschen Orden, der – nach der Umwandlung des preußischen Ordensstaates in ein weltliches Herzogtum – seine Residenz nach Mergentheim verlegte. Das Schloß (links) wurde 1565 begonnen.

Mit der Residenz der Ordensballei Franken wuchs auch die Stadt Ellingen. Beider Antlitz ist barocken.
Die Ansbacher Residenz (folgende Doppelseite) erhielt ihr heutiges Aussehen zwischen 1694 und 1749, wobei Gabrieli und Zocha das Äußere und Retti vor allem das Interieur – eben das »Ansbacher Rokoko« – geprägt haben.

H
7
Schloßplatz
Richtung

Eine Burg zu Schillingsfürst wird bereits um 1000 in einer Schenkungsurkunde Ottos III. genannt. Die heutige, auch ein Museum bergende Dreiflügelanlage datiert aus den Jahren 1723–1750.

Das auf Ludwig von Eyb und die Wende vom 14. zum 15. Jahrhundert zurückgehende Schloß Sommersdorf zählt zu den schönsten mittelfränkischen Wasserschlössern.

Schloß Gebsattel an der alten Augsburger Straße datiert aus dem 16. und 17. Jahrhundert

Zwischen Himmel und Taubertal: die alte, neubelebte Gamburg.

Die ehemalige hohenlohesche Residenz in Weikersheim wuchs auf einer alten Wasserburg. Sehenswert ist nicht nur das Interieur mit den verschiedenen Exponaten (zum baden-württembergischen Landesmuseum gehörend), sondern auch die Gartenanlage.

*Die Burg Colmberg überm Tal der jungen Altmühl (oben) vereint
alte Substanz mit neugotischem Gepräge.
Während von der ehemaligen Burg in Rothenburg ob der Tauber
(links) kaum etwas übriggeblieben ist, erinnert das Schlößchen drunten im Tal an
das tragische Schicksal des einstigen Bürgermeisters Heinrich Toppler.*

Schloß Weißenstein in Pommersfelden sah Lothar Franz von Schönborn als Bauherren, der hier – nach Plänen Johann Dientzenhofers – einen seiner schönsten Schloßträume verwirklichte.

Das aus einer alten Wasserburg entstandene Schloß der Grafen Castell besitzt gotische Turmsubstanz und ist Gegenstück zum neueren klar gegliederten Schloßbau gegenüber.
Auf Schloß Schwarzenberg im Steigerwald (folgende Doppelseite) läßt Goethe seinen »Götz von Berlichingen« beginnen.

Sie erzählen Geschichte und Geschichten: Die Hallburg bei Volkach und Schloß Frankenberg auf den Ausläufern des Steigerwaldes.

Bereits 816 urkundlich bezeugt, hat Schloß Ullstadt der Zeit eher widerstanden als Teile der Burg Wässerndorf.

Auch wenn Napoleon in der Würzburger Residenz, Balthasar Neumanns Meisterstück, nur den »größten Pfarrhof Europas« gesehen haben soll, ist und bleibt sie eine der großen Schloßbauten überhaupt: ein Gesamtkunstwerk von höchstem Rang.

Friedrich Carl von Schönborn ließ die von seinem Bruder Johann Philipp Franz begonnene Residenz vollenden. Die Gartenfront geht auf Anregungen des um den Bau von Schloß Belvedere in Wien verdienten Johann Lukas Hildebrandt zurück.

Die Festung Marienberg, bis 1720 Residenz der Würzburger Fürstbischöfe, birgt heute die kostbaren Schätze des Mainfränkischen Museums. Die verschiedenen Gebäude schlagen eine Brücke zwischen Stauferzeit und Barock.

Die nach 1600 umgebaute (u. a. wurde ein Kuppeldach aufgesetzt) Marienkirche (oben und links außen) entstand zu Zeiten der Merowinger und ist die älteste deutsche Rundkirche rechts des Rheins. Links innen das »Scherenbergtor« und darunter der Randersacker Turm, in welchem auch Tilmann Riemenschneider gefangen saß.

Spiegel einer idealen Welt: Der Rokokogarten Veitshöchheim des Fürstbischofs Adam Friedrich von Seinsheim.

Schloß Grumbach über Rimpar und die Ruine Homburg im Werntal gehören zu den zahlreichen mittelalterlichen Wehrbauten im Dreieck des Mains.

Pracht in rotem Sandstein: Schloß Johannisburg in Aschaffenburg. Nach schweren Schäden im zweiten Weltkrieg wurde die vierflügelige Renaissanceanlage wieder hergerichtet und birgt u. a. Hofbibliothek und Schloßgalerie.

1733 gab Friedrich Carl von Schönborn bei Balthasar Neumann ein Sommerschloß an der Wern in Auftrag; seine Nachfolger favorisierten jedoch Veitshöchheim.

Vor den Toren Miltenbergs liegen Schloß und Park Kleinheubach. Die ehemalige Residenz der Fürsten zu Löwenstein-Wertheim-Rosenberg wurde – nach Plänen von Louis Remy de la Fosse – von Johann Dientzenhofer erbaut.
Die Mildenburg, ehemalige Schutzveste der Mainzer Bischöfe, krönt eine nahezu einmalige kleinstädtische Idylle. Besonders der Miltenberger Markt ist von typisch altfränkischem Gepräge.

Von der im zweiten Markgräflerkrieg durch Markgraf Albrecht Alcibiades zerstörten Burg Freudenberg sind nur noch Ruinen geblieben.
Schloß Mespelbrunn im Spessart (links), von Wald, Wasser und Geheimnissen umgeben, verkörpert unser ideales Bild von einem romantischen Schloß.

Erst explodierte das Schießpulver, dann schossen sich die Kanoniere der Kaiserlichen auf Burg Wertheim ein und verhalfen ihr zum zweifelhaften Ruhm, zweitgrößte Burgruine Süddeutschlands zu sein.
Die Henneburg über Stadtprozelten (links) soll – der Sage nach – früher Burg Engelstatt geheißen haben. Wann genau sie zerstört wurde, ist nicht bekannt. Wie zwei mahnende Finger ragen die beiden Bergfriede gen Himmel.

Schloß Homburg am Main geht auf eine Anlage aus dem 16. Jahrhundert zurück; der Bergfried stammt aus romanischer Zeit. Die alte Burg Rothenfels (links) ist eng mit dem Wirken des katholischen Jugendbundes »Quickborn« verbunden; 1927 wurde Romano Guardini dessen Leiter und damit auch Hausherr der Burg.

Die Karlsburg geht auf die Merowingerzeit zurück; zählt also zu den ältesten Befestigungen Frankens. Nach einem verheerenden Brand zu Beginn des 16. Jahrhunderts verkam sie zu einer Ruine von besonders romantischem Zuschnitt.

Auf Burg Wildenberg im Odenwald soll Wolfram von Eschenbach an seinem 28 400 Verse umfassenden Epos »Parzival« diktiert und die Anlage – als Vorbild der Gralsburg – in die Handlung eingebracht haben.

Burg Steckelberg ist ebenso in die Literaturgeschichte eingegangen wie Burg Wildenberg. Hier oben, überm Kinzigtal, hat Ulrich von Hutten gelebt, gedichtet, gehofft und gelitten.

»Eine feste Burg ist unser Gott ...«

M. Luther

Vielleicht hat Luther eine der vielen thüringisch-fränkischen Wehrkirchen vor Augen gehabt, als er sein Lied vom Halt des Glaubens und der göttlichen Führung schrieb? Die Verbindung liegt nahe, läßt sich aber nicht belegen ...

Die Kirchenburg hat das pittoreske Städtchen Ostheim vor der Rhön weithin bekannt gemacht. Obwohl es in der Nachbarschaft, in Nordheim, noch ein Gegenstück gibt und es auch in unmittelbarer Umgebung nicht an einer malerischen Ruine (die Lichtenburg) fehlt, gebührt die Krone dieser wohlerhaltenen Befestigung. Auch wer die berühmten siebenbürgischen Bauernburgen und die nicht minder beeindruckenden in Franken (mit Effeltrich und Kraftshof) kennt und nun vor der Ostheimer Anlage steht, wird beeindruckt sein: von der Größe, der architektonischen Harmonie, dem guten Zustand. Da ist eine Burg, mitten im Städtlein, die gleichermaßen Seele und Leib der Einwohner zu schützen hatte. Mit (inzwischen aufgefülltem) äußeren Festungsgraben, doppelter Ringmauer mit (jetzt noch) fünf imposanten Wehrtürmen und sechs Bastionen. Ein wehrhaftes Geviert, ein Labyrinth, eine Zuflucht. Zu Kriegszeiten flohen die Ostheimer hierher, um zu beten und zu überstehen. Dies unterscheidet die Kirchenburgen von vergleichbaren Befestigungsanlagen. Während man sich dort ständig aufhielt, kam man hierher nur bei Gefahr. Dann hatten die insgesamt 72 Gaden (Schatz- und Vorratshäuser mit Kellern) der Ostheimer Kirchenburg auch Wohnung zu sein. Dann begannen das Warten und das Hoffen: auf den Abzug der Feinde, auf die Verläßlichkeit der Mauern. Ein ernstes Spiel mit der Zeit. Mensch und Vieh in einem Raum. Der war Wohnung, Speicher und Stall und jenem Refugium in Bethlehem ähnlich. So, wie in den siebenbürgischen Specktürmen noch immer die riesigen Schwarten hängen, werden auch die Gaden bis heute als – haus- beziehungsweise familiengebundene – Vorratsräume genutzt.

Stellvertretend für die erbitterten Kämpfe um die Ostheimer Kirchenburg soll jene Überlieferung aus der Zeit des Kroateneinfalls von 1634 stehen:

> *»Im Kirchhof, welcher mit großen Bohlen belegt und zugeschüttet, waren noch auf etwa 10 Menschen, Leonhard Heimb, Bürgermeister, und Joh. Stram, Schulmeister, sambt noch Etzlichen, die wehrten sich mit habenden Toppelhaken. Nach langem währen wird ihnen zwar vom Obersten Quartier versprochen, allein, indem den Kirchhof aufgeben, von ezlichen Kroaten gefangen mit nach Neustadt zu schleppen und allda zu metzeln, welch aber bei handenden Pfennigen, so sie denen, so sie gefangen geführer, geben und also wunderlicherweiß erledigt worden.«*

Wie man sieht, fand die schreckliche Geschichte nicht nur mit Gottes, sondern auch mit Hilfe der »Pfennige« noch einen versöhnlichen Abschluß. An dieser Konstellation hat sich bis heute nichts geändert ...

Mittelpunkt der Ostheimer Kirchenburg ist das Gotteshaus, das auf zwei ältere Bauten zurückgeht. Zumindest der Standort des letzteren (1410 geweiht) ist mit dem der heutigen Kirche (1615/1619) identisch. Mit ihr kam auch ein neues Patrozinium; anstelle der verletzlichen, waffenlosen Beatae Mariae Virginis der starke Mann: St. Michael. Die wehrhaften Mauern und Türme freilich waren schon früher da. Man datiert sie zwischen 1400 und 1450. Der Ostturm diente sowohl der Vorgängerkirche als auch St. Michael. Dessen Chor befindet sich im Untergeschoß. Drinnen, überm Mittelschiff, gibt es einen buntgemalten gewölbten hölzernen Himmel. Zwei steinerne Säulenreihen teilen den Raum und tragen ihn auch. Doppelt ebenfalls und arkadengeschmückt die Emporen – mit einem »Amtsstand« genannten Séparée, wo der Vertreter des jeweiligen Landesherren mit Gott beziehungsweise seiner Macht alleine sein konnte. Von der Ausstattung der Kirche sind vor allem der Taufstein und die Kanzel hervorzuheben (beide von Meister Hans Grüler aus dem Stein gehauen), sowie die Orgel und der barocke Rahmenaufbau mit den geschnitzten Figuren des ehemaligen Hochaltars.

Wer den Blick hebt, hinauf zu der oberen Westempore, wird seine Freude haben an der aufgemalten Engelskapelle – mit Harfe, Flöte, Orgelpositiv und zwei Trommeln. Diese Musik hätte ich gern gehört!

Des Salzflusses Burgenwacht

Rhöngeboren, irrt die fränkische Saale durch das Bergland. Sucht hie der Wälder stille Gemeinschaft und dort die laute der Menschen, umspült Burgen und Wein und findet den Main.

Der früh erblindete Ch. Ludwig Wucke erwanderte das Werratal sowie die angrenzenden Abhänge des Thüringerwaldes, der Rhön und das Gebiet der fränkischen Saale und notierte sich – mittels eines von ihm selbstkonstruierten Schreibgerätes – die dort kursierenden sagenhaften Überlieferungen: »Bei Neustadt jenseits der Saale steht im alten Saalthale eine der ältesten und historisch denkwürdigsten Festen des Frankenlands, teils umfangreiche Trümmer, teils noch aus wohnlichen Gebäuden bestehend. Es ist dies die Salzburg, Palatium der fränkischen Könige. Karl Martell soll hier gewohnt und das alte Haus, die Salisburg, erneuert haben.

Mehr denn einmal weilte in diesen Räumen der heilige Bonifacius. Er weihte als Erzbischof hier 741 drei Bischöfe, Burchard zu Würzburg, Witto zu Buriburg in Hessen und Willibald zu Eichstädt. 742 hielt er abermals ein geistliches Konzilium auf der Salzburg. 768 hielt Pipin der Kurze hier das Osterfest, Karl des Großen erster Besuch auf der Salzburg geschah zu Schiff; er empfing hier die Gesandtschaft des byzantinischen Kaisers Nikephorus, desgleichen den Patriarch von Grado, Fortunat, der ihm unter anderem den Körper Josephs von Arimathia mitbrachte, welcher nach Aachen geschenkt wurde. Karl schloß hier den Frieden mit den Sachsen. Die deutschen Könige: Ludwig der Fromme, Ludwig III., Ludwig der Deutsche, Arnulf und Otto I. wohnten hier.

Im Jahre 1000 schenkte Otto III. Salzburg dem Bischof Heinrich zu Würzburg.«

Obwohl der mehr oder minder verbürgte Ort dieser Großen nicht die Salzburg, sondern die Ortschaft Salz, ganz in der Nähe, gewesen sein soll, braucht sich die riesige Burg über Neustadt dennoch nicht zu verstecken. Inmitten der trutzigen Beringung finden sich etliche Gebäude beziehungsweise -reste; am meisten beeindruckt die sogenannte »Münze«, aus deren herrlichen Fensterarkaden der Staufer Zeit dringt.

Während Burg Steineck, saaleabwärts, der Sage nach vom Teufel persönlich ruiniert worden sein soll, blieb dieses Schicksal Schloß Aschach erspart. Von Besitzer zu Besitzer war es bereits auf den Hund gekommen, bis ein entschlossener Mann dieser Entwicklung Einhalt gebot: Der unterfränkische Regierungspräsident Dr. Friedrich Graf von Luxburg gestaltete das auf die Henneberger zurückgehende und mehrfach verwüstete Schloß ab 1874 zum Wohn- und Musensitz um. Sein Sohn, ehedem deutscher Botschafter in China, setzte des Vaters Werk fort und schenkte dann in den Fünfzigern Schloß und Sammlungen dem bayerischen Staat. In diesem herrlich gelegenen Museum gibt es sowohl Erlesenes aus Franken als auch aus anderen deutschen Landen und aus Asien zu bewundern. Auch ist die Umgebung selber ein Kunstwerk: Die Saale, enger Nachbar, sprudelt und springt übers Wehr an der Schloßmühle vorbei und weiter in ihrem selbstgemachten Schlängelbett. Sie trägt den Spiegel des wunderschönen Renaissancegiebels von Schloß Aschach mit sich fort – wie jedes klare Wasser seiner Umgebung Antlitz sammelt. Von Natur bereits reich an Salz, wird es die Saale auch an der Burgen Bilder und Geschichten, die irgendwann zu bestimmter zauberischer Stunde wieder auftauchen werden aus der Tiefe …

Von der Burg Bodenlauben nahe Bad Kissingen gibt es noch die Reste zweier Türme und – eine romantische Erinnerung. Sie bezieht sich auf den Kriegsmann und Minnesänger Otto I. von Bodenlauben aus dem Geschlecht der Henneberger, der 1190 die Burg vererbt bekam. Dort jedoch hielt es ihn nicht lange; sieben Jahre später zog er mit einem Kreuzfahrerheer ins Heilige Land, wo er die Hand Beatrix von Courtenays, Tochter des Seneschalls von Jerusalem, gewann. Erst 1220 kehrte das Paar für immer nach Franken zurück und mitten in die Zeitenwende hinein. Die Lieder der Minne wurden leiser, der Ruf nach mönchischer Askese, des Seelenheils wegen, lauter. Für einen erhofften Platz im Paradies verzichteten die von Bodenlauben auf Burg und Vermögen und verschenkten ihre Untertanen gleich mit. Sie stifteten ein Kloster und lebten fortan in Armut. In der ehemaligen Klosterkirche zu Frauenroth liegen sie beide begraben.

Im Gegensatz zu ihnen dürfte jener verräterische Koch, der seinerzeit den aufrührerischen Bauern die Tore der Burg geöffnet und, wie die Sage ebenfalls berichtet, auf berufstypische Weise – durch Klopfen auf dem Kuchenbrett – das Signal zum Eindringen gegeben haben soll, schon ziemlich lange im Fegefeuer schmoren.

Es geht auch die Mär von einem unterirdischen Gang zwischen der Burg Bodenlauben und der nicht weit entfernten Trimburg. Angeblich soll ein Klingelzug hüben und drüben mit einem Glöcklein verbunden gewesen sein, wodurch man sich gegenseitig warnen konnte. Irgendetwas muß freilich fehlgelaufen sein: Auch die Trimburg wurde zerstört. Es blieben u. a. der zinnengekrönte Bergfried und zwei Wohngebäude. Natürlich ist man hier oben dem Himmel ein Stück näher. In diesem Falle aber nährt auch der Blick hinunter, auf das Dörfchen Trimberg, die Phantasie. Man kann sich in das höfische Mittelalter versenken und Süßkind von Trimberg begegnen, der hier um 1200 geboren wurde. Daß die an den Liedern der Minne so reichen Sänger nicht selten arm an den notwendigen Dingen des Lebens waren, weiß man spätestens durch Walther von der Vogelweides lyrischen Stoßseufzer »Ich hân mîn lêhen …« Der Jude Süßkind von Trimberg konnte davon wohl nur träumen. Pflegte er doch vertrauten Umgang mit den Herren »Schwerenot«, »Schmalgut«, »Hungerstadt«, »Niegewinn« und »Habnichtmehr«. Mit ihm beginnt die lange Reihe jener Doppelbegabungen, deren Protagonisten, sowohl Arzt als auch Poet, in unserem Jahrhundert mit Carossa und Benn große deutsche Literaturgeschichte geschrieben haben. Würzburg führte den von Bodenlaube und den von Trimberg – symbolisch – zusammen. Während jener dort einige Marktstände unterhielt, kurierte der andere, als Arzt, die Kranken des Dietricherspitals.

In Hammelburg treffen sich der rhönische Norden und der Süden, den Bacchus repräsentiert. Oder, früher, die Fuldaer Herrschaft (mit dem Schloß der Fürstäbte) und jene der Würzburger Kirchenfürsten. Bleiben wir beim Wein. Er gehört zu Hammelburg und zur Burg Saaleck und die zu ihm. Die Anlage über der Stadt ist zwar – wie ihre Nachbarn auch – uralt, aber sie hat sich seither gründlich verändert. Standhaft und dem Ursprunge treu allein der nördlich gelegene Wohntrakt und der Bergfried. Wie gesagt, das Saaleck trägt Burg und – gen Süden – Wein. Die Hammelburger beanspruchen den Ruhm für sich, seit 777 den vielbegehrten Rebensaft zu produzieren. So früh ist er von keiner anderen fränkischen Gemeinde überliefert. Man kann ihn unten, in der Stadt, oder oben, auf Saaleck, probieren. Dazwischen liegen ein Kreuzweg mit 14 Stationen und die Mühsal des Aufstiegs.

Drunten, die Saale, hat es immer eiliger. Probiert ihre Vereinigung mit der kleinen Sinn, ehe sie sich dem großen Main hingibt. Die zwölfbogige Brücke in Gemünden ist des Flusses letzter Übergang, die Scherenburg darüber, sein letzter Wächter. Auch hier der alte Bergfried (nebst Resten des Palas) ein siegreicher Widerständler gegen den Ansturm der Zeit. Den steinernen Bauch gefüllt mit Geschichten und Geschichte, spielt er den bedrängten Bäumen ringsherum Ewigkeit vor.

Zwischen Grabfeld und Haßbergen

»Ach! das Leben ist kurz, sehr kurz. Wir leben nur Augenblicke und sehn den Tod umher«, schrieb Friedrich Hölderlin in jenem auf

Schloß Waltershausen entstandenen Paralipomenon zum »Hyperion«. Charlotte von Kalb hatte ihn 1793 auf Empfehlung Schillers (mit dem sie eng befreundet war) als Lehrer für ihren Sohn ins Grabfeld geholt. Dieser Landstrich besitzt mit den thüringischen Gleichbergen zwei mächtige Wächter, die den Kelten eine Burg beziehungsweise Stadt wert gewesen waren. An einem Sonntag und mit dem entsprechenden Wetter wanderte Hölderlin hinauf. Sah von dort das Fichtel- und Rhöngebirge, den Thüringer- und Steigerwald. Sah Thüringen, Franken und Hessen und, welch Wunder aus Heimweh, auch sein »liebe(s) Schwaben«.

In Waltershausen freilich hat er es nicht sehr lange ausgehalten. Der junge Kalb konnte seinen hohen Anforderungen nicht genügen. Wahrscheinlich bedeuteten die paar Monate für beide eine Qual ... An der Umgebung hat es bestimmt nicht gelegen, daß Hölderlin seinen Aufenthalt so abrupt beendete. Das Grabfeld ist ein ruhiger und beruhigender, vom beständigen Gleichmaß der Äcker, Wiesen, Forste und Siedlungen bestimmter Landstrich, den etliche Schlösser krönen. Die dreiflügelige, mit vier haubengeschmückten Rundtürmen versehene Anlage von Waltershausen liegt im Walde verborgen. Daß der herrliche Festsaal und die benachbarten Salons wirklich auf Balthasar Neumann zurückgehen, wird zwar behauptet, aber nicht bewiesen.

Waltershausen zählt — mit Burgpreppach, Friesenhausen, Eyrichshof, Gereuth, Rentweinsdorf — zu den sehenswerten Schloßbauten des Grabfeldes beziehungsweise der angrenzenden Haßberge. Darunter auch herrliche Wasserschlösser, die der besonderen Topographie dieser Landschaft entsprechen. Wo der Schutz der Berge fehlte, suchte man jenen des Wassers. Bäche oder Flüßlein wurden aus ihrem Bett geleitet, füllten einen Graben, gewannen eine winzige Insel. Auf solchem zum künstlichen Eiland gewordenen Grund stehen das Schloß in Kleinbardorf oder jene in Unsleben, Brennhausen, Wetzhausen, Kirchlauter und Ebelsbach (der Wassergraben ist heute bepflanzt). Vor allem Irmelshausen. Die Veste ist auch durch kriegerische Zeiten in Frieden – das heißt unzerstört – auf uns gekommen. Ihr Bild, im Spiegel des Wassers verdoppelt, schließt die Kühle des Steins und die Freundlichkeit des Fachwerks ein. Die gleichnamige Ortschaft taucht bereits im Jahre 800 aus dem Dunkel der Geschichte. Als Geschenk gingen Güter zu Irmelshausen an die Henneberger. Seit 1376 ist das Schloß Bibraischer Besitz. Hans von Bibra ergänzte in der Mitte des 16. Jahrhunderts das vorhandene einflügelige Gebäude noch um drei weitere, die einen fünfeckigen Hof umschließen. Der Bauherr versäumte nicht, seine Frau mit dem in Stein gehauenen Türspruch »Kein Fried ohn dich das freie ich mich« zu ehren.

Während Schloß Waltershausen der deutschen Literaturgeschichte nur eine Arabeske lieferte, galt die Bettenburg als einer jener vielgerühmten Musensitze, deren Hausherr Christian von Truchseß durch Goethe »in die Reihe der Götze von Berlichingen« gestellt wurde. In der Tat hat dieser frei- und feinsinnige Landedelmann nicht nur die damaligen geistig-künst-

Die Bettenburg – ein berühmter fränkischer Musensitz

lerischen Strömungen und Entwicklungen registriert, sondern auch mitbefördert. Sein Freundeskreis umschloß berühmte Naturwissenschaftler, Mediziner und Historiker; seine umfängliche Korrespondenz verband die Haßbergidylle mit den großen Städten und den großen Geistern. Auf die Bettenburg kamen Jean Paul Richter und Gustav Schwab, Heinrich

Voß und – sehr oft – Friedrich Rückert. Ludwig Richters Aufenthalt entstammt ein Stahlstich (1837): Auf einem Waldrücken die Burg in Gotik und Renaissance nachempfundener Klarheit. Mit Volutengiebeln und einem vorgestellten runden Treppenturm. Davor Wiesen, dahinter Bergland, dazwischen ein englischer Park mit Plastiken Martin Klauers: Die stehen symbolisch für die Nähe des klassischen Weimars zur abgelegenen Bettenburg.

Nicht der aufklärerischen Klassik helles Licht, sondern des fernen Mittelalters flackernder Widerschein hüllt den Altenstein überm Weisachtal, der für viele als schönste Ruine Frankens gilt. Es fällt schwer, Fels und Mauerwerk auseinanderzuhalten. Als habe man dem zerklüfteten Stein eine Krone aufgepaßt und dadurch listig Raum gewonnen, sitzen sie aufeinander. Auch die Häuser des am Steilhang gelegenen Dorfes, die sich emporwindende Straße – sie alle haben dem Diktat des Felsens zu gehorchen. Hier oben muß man sich sicher gefühlt haben für die Ewigkeit. So bedurfte es denn auch – in der Sage zumindest – eines abscheulichen Verbrechens, um die Burg zu erobern. Bischof Iring von Reinstein zu Würzburg soll den zwölf wilden Ritterbrüdern zu Altenstein, mit denen er in Fehde lag, einen Vergleich angeboten und so Eingang in die Burg gewonnen haben. Dort aber ließ er sie der Reihe nach meucheln. Das Dutzend Herren deutet darauf hin, daß der Altenstein eine Ganerbenburg war. Da für mehrere Söhne in der Regel zumeist nur ein Familiensitz da war, mußten sie dort wohl oder übel zusammen ausharren. Andererseits teilten sich auch völlig fremde Ritter, die sich selber keine eigene leisten konnten, eine solche Gemeinschaftsburg. Diese ritterlichen Kommunen besaßen genau abgegrenzte Wohnbereiche, oft mit mehreren kleinen Burgen innerhalb einer größeren …

Der Altenstein, urkundlich erstmals 1225 erwähnt, mehrmals zerstört, immer wieder aufgebaut und später endgültig verlassen, geriet erst als Ruine wieder ins Blickfeld. Der romantischen Haltung gemäß galt das Fragment mehr als das Ganze. Wurde Antrieb der Phantasie. Der verfallene Chor der spätgotischen Burgkapelle auf Altenstein scheint Zeittor zu sein: aus der Vergangenheit heraus oder zu ihr zurück.

Von Coburg nach Bayreuth und ins Fichtelgebirge

Über Frankens Nordosten wachen der sächsischen Coburger Veste, der thüringischen Orlamünder Burg (Lauenstein), des Bamberger Hochstifts vorgeschobene Festung Rosenberg in Kronach und der Zollern Burgen und Residenzen in Kulmbach beziehungsweise Bayreuth.

Die Coburg, eine der größten Burgen Deutschlands, wird im 11. Jahrhundert zum erstenmal erwähnt. Von einer polnischen Königin geriet sie an den Erzbischof Anno von Köln, darauf an die Andechs-Meranier und Henneberger und zuletzt an die Wettiner. 1920, in einer Volksabstimmung, entschieden sich die Einwohner des Coburger Landes nach 700 Jahren Zugehörigkeit zum thüringisch-sächsischen Kulturraum für Bayern. Solcher Austausch war nichts Ungewöhnliches. Die Gegend um Schmalkalden zum Beispiel war hessisch-nassauisches Territorium in Thüringen, Erfurt, die jetzige Landeshauptstadt, preußischer und Ostheim vor der Rhön thüringischer Besitz in Franken …

Die Historie der Veste Coburg nennt willkommene und ungebetene Gäste. Zu letzteren zählten Herr Wallenstein und Kurfürst Max von Bayern nebst 8 000 Belagerern. Während ihnen die Tore verschlossen blieben, wurden sie Martin Luther, der hier 1530 für ein halbes Jahr Unterschlupf fand, um den Ausgang des Augsburger Reichstages und damit sein eigenes Schicksal und das seiner Bewegung abzuwarten, geöffnet. Der vom Kaiser geächtete Reformator hatte allen Grund zum Versteckspielen. Ließ sich, wie einst als Junker Jörg auf der Wartburg, einen Vollbart wachsen und verschwieg auch in den Briefen seinen Aufenthaltsort. Adressierte sie »Aus dem Reiche der Vögel« oder »Aus der Wüste«. Mit den Vögeln meinte er die Dohlen, die es laut vor seinem Zimmer in der Steinernen Kemenate trieben und deren Geschwätz er ahnungsvoll mit den Disputen in Augsburg verglich.

Angehörige des hiesigen Fürstenhauses haben selber Weltgeschichte geschrieben. Aus Coburg kamen, im 19. Jahrhundert, ein englischer Prinzgemahl, ein belgischer König, ein bulgarischer Zar und die Gemahlinnen etlicher

Schloß Callenberg bei Coburg

Herrscher. Hervorgetan hat man sich jedoch nicht nur im Sammeln von Königskronen, sondern auch von erlesenen Kunstwerken: Die Veste birgt eine sowohl umfängliche als auch qualitativ herausragende Grafikkollektion, Gemälde, Münzen, Waffen, Gläser etc.

Im Zeichen des romantischen Überschwangs wurden die Gebäude mittelalterlich herausgeputzt. Das, was dabei nicht unrettbar verlorenging, konnte kurz nach der Jahrhundertwende in den ursprünglichen Zustand zurückversetzt werden und prägt das heutige Antlitz der Veste mit.

Unterhalb dieser Anlage, in der engen Stadt, macht sich ein zweites Schloß breit: die Ehrenburg. Auf ein ehemaliges Kloster zurückgehend, widerfuhren auch ihr verschiedene Umbauten. Ein berühmter Preuße, Karl Friedrich Schinkel, trägt für neugotische Züge Verantwortung.

Von Coburg quert die Straße mindestens sieben Berge und Täler bis zum Frankenwald. Nahe Ludwigsstadt, überm Tal der Loquitz (deren Wasser durch Thüringen und Franken fließen) und nicht selten den Wolken sehr nahe, thront die malerische Burg Lauenstein, die einst den Orlamündern gehörte, deren letzte Gräfin – der Legende nach – das eigene Geschlecht ausgerottet haben soll. Nach dem Tode ihres Gatten habe sie des um sie werbenden Burggrafen von Nürnbergs Äußerung – »Gern wollt' ich dem schönen Weib meinen Leib zuwenden, wo nicht vier Augen wären ...« – auf ihre beiden Kinder bezogen und diese töten lassen. Der Hohenzoller soll jedoch seine Eltern gemeint haben. Keine Ruhe findend, muß sie seither als Weiße Frau von Orlamünde umgehen; und es fand sich noch keiner, der sie erlöst hätte. Gelegenheit dazu hat es genug gegeben: Sie ist in Orlamünde gesehen worden, auf Burg Lauenstein und auf der Plassenburg bei Kulmbach, die auch als Ort des Meuchelmords gilt.

Der Weg dorthin ist wieder einer hinauf und hinunter. Der Frankenwald stellt sich quer. Entweder die Straßen auf seinem Rücken oder die in seinen Falten und oft beides zusammen. Wir folgen der Haßlach gen Süden. Wo die Berge zurückweichen, hat der Mensch das Tal mit der Festung Rosenberg zugesperrt. Die wuchs aus einer alten Anlage der Babenberger und wurde samt Herrschaft Kronach von Kaiser Heinrich IV. dem Hochstift Bamberg zum Geschenk gemacht. Der Ausbau zur Veste erfolgte in verschiedenen Schritten. Die zweite steinerne Haut wurde um 1500 aufgemauert, eine weitere, als Fünfeck und mit Bastionen, kam in der zweiten Hälfte des 17. Jahrhunderts hinzu. Verschiedene außerhalb gelegene Vorwerke sollten bereits vorher die Angreifer aufhalten. Die Festung stark, sicher und schön zu machen, mühten sich auch Antonio Petrini, Balthasar Neumann und Johann Michael Küchel – sozusagen die Baumeisterelite Frankens. Während der Traum von einem unüberwindbaren Bollwerk mehr und mehr verblaßte, legte man nun Wert darauf, die Gegner nicht mehr außerhalb, sondern drinnen zu haben. Die Veste wurde – bis zur Revolution 1848 – Gefängnis.

Weiter nach Südosten. In Kulmbach hat der Wein, der die Hänge der Plassenburg bedeckte, den Kampf gegen den Hopfen verloren. Die Orlamünder erbten den Besitz von den Grafen von Dießen-Andechs; da sie sich aber bekanntlich aus der deutschen Geschichte verabschiedeten und nur die Weiße Frau hinterließen, kam die Burg an die Zollern. Das Gespenst, brav und folgsam, wechselte die Familie. Tauchte später auch am preußischen Königshof in Potsdam auf.

Stichwort Zollern. Das »Land auf dem Gebürg«, wie das Fürstentum Kulmbach genannt wurde, hatte die Plassenburg bis 1603 als Residenz. Markgraf Albrecht Alcibiades mochte zwar die »Pfaffen und Pfeffersäcke« nicht, wohl aber deren Ländereien und Besitz, und begann einen verheerenden Krieg, der mit dem Sieg der verbündeten Hochstifte Bamberg, Würzburg und der Freien Reichsstadt Nürnberg sowie der Zerstörung der Plassenburg (1553/54), aber auch mit einer Entschädigung von 175 000 Gulden für den Verlierer endete. Sein Nachfolger ließ die Anlage wieder aufbauen und erweitern. Der »Schöne Hof« macht seinem Namen alle Ehre. Auf drei Seiten unterbrechen offene, reliefgeschmückte Arkaden der massigen Vierflügelanlage Geschlossenheit, bringen südliche Atmosphäre in den rauhen Frankenwald. Ebenso wie die Veste Rosenberg wird auch die Plassenburg als Galerie genutzt. Während jene fränkische Kunst ab der Spätgotik zeigt, birgt diese eine Spezialsammlung von Jagdwaffen und Schlachtbildern und gilt mit ihren dreihunderttausend Zinnfiguren als *die* erste Adresse auf diesem Gebiet.

Die Zollern freilich hat es schon um die Wende vom 16. zum 17. Jahrhundert nach Bayreuth gezogen, wo sie, trotz der verhältnismäßigen Bescheidenheit des Landes und seiner Mittel, prächtig und geschmackvoll regierten und die Nachwelt mit ihrer architektonischen – und geistigen – Hinterlassenschaft erfreuten. Das Alte Schloß, eine vierflügelige Anlage, hat Christian Philipp Dieussart neugestaltet. Johann Dientzenhofers Beitrag ist vergleichsweise bescheiden: Er verblendete den achteckigen Turm.

1753 übertrugen Markgraf Friedrich und seine Gemahlin Joseph Saint-Pierre den Bau des Neuen Schlosses. Dessen Interieur vor allem widerspiegelt Wilhelmines Einfluß. Diese ungewöhnliche Frau voller Bildung, Geschmack, Phantasie und Empfindsamkeit schuf sich ihr eigenes Zauberreich, welches das französische Rokoko um sehr eigenständige künstlerische Ideen erweiterte. Vom kleinen Bayreuth aus eroberte sich Wilhelmine fremde, geheimnisvolle Welten. Richtete ein »Japanisches Zimmer«, ein »Palmenzimmer« und eine »Grotte« ein. Kam auf den Gedanken, die Illusionen der barocken Spiegelkabinette zu zerstören, indem sie Scherben drapieren ließ. Diese werfen die Bilder nicht zurück, sondern schlukken sie und – nähren eine neue Illusion: Die Mauern scheinen löchrig.

Mit dem Namen und Wirken Wilhelmines sind auch das »Alte Schloß« und das »Neue Schloß in der Eremitage« verbunden. Abgelegen von der Stadt und der Natur nahe, schuf sich das Markgrafenpaar eine luxuriöse Aussteige – mit Felsen- und Grottenimitationen und einer großen Zahl architektonischer Zitate, Allegorien und Symbole. Ganz ungewöhnlich das »Neue Schloß in der Eremitage«: Weg von der geraden Linie Entfernung, hin zu des Halbkreises – unvollendeter – Annäherung. Arkaden vermitteln Durchschaubarkeit. Fassaden leugnen den gewachsenen Stein. Stattdessen ein Aneinander kleinster Teile und verschiedener bunter Glasflüsse. Abkehr von der barokken Gänze zum – ebenso ausschließlichen – Detail auch im Material. Ein achteckiger kuppeltragender »Sonnentempel« teilt das Halbrund in zwei Viertel. Hat sein zentrisches Gegenstück im Wasserbecken, das vom Arkadenbau umklammert wird und mit 58 Fontänen Schwerelosigkeit übt.

Vom heiter-verspielten Bayreuth ins rauhe, schwermütige Fichtelgebirge ist es nur ein Katzensprung. Einen besonders bizarren Anblick bietet die Waldstein-Ruine, auch »Rotes Schloß« von Zell genannt. Bei diesem den prächtigen Hochwald überragenden Felsennest fällt es schwer, zwischen gewachsenem und gefügtem Stein zu unterscheiden. Die Anlage stammt aus der Mitte des 12. Jahrhunderts und galt bis zum 11. Juli 1523 als uneinnehmbar. Wer heute das phantastische Labyrinth an Grotten, Mauern, Steigen und Treppen begeht, braucht einen sicheren Schritt und darf sich auch vor Leitern und windiger Höhe nicht scheuen ...

Die Burgenkrone des Fränkischen Jura

Ein frühes Meer, das verschwunden und seine steingewordene Hinterlassenschaft, die geblieben ist: der weiße Jura. Das Wasser, das ihn einst geboren, zeigt ihn jetzt stolz vor. Die hohen Talränder der Flüßlein sind weißgefaßt und mit phantastischen Felsformen geschmückt: Gotisch-schlanke Nadeln und wuchtige, barocke Steintürme wachsen einzeln oder in Gruppen empor. Bizarres auch unter der Erde, in den weitbekannten Höhlen. Mit Räumen wie in einem Dom und herrlichem natürlichem Bildwerk.

Die jungfräuliche Schönheit des Fränkischen Jura blühte lange im Verborgenen. Insider wußten darum, mögen hier auch nach der Blauen Blume gesucht haben. Für Karl Ludwig von Knebel, Goethes Freund, war der Weg von Streitberg nach Muggendorf der schönste der Welt. Ähnlichen Überschwang äußerten Ludwig Tieck und Wilhelm Wackenroder, als sie Pfingsten 1793 den Jura durchwanderten. Jean Paul schließlich brachte den Knebelschen und seinen Eindruck von der Streitberger Gegend in eine herrliche Wortfassung: »Der Weg lief von einem Paradies in das andere.« Das Verdienst, die Bilder dieser herrlichen Landschaft verbreitet zu haben, gebührt Ludwig Richter.

Die Burgruine Streitberg im romantischen Tal der Wiesent

1837 durchreiste er Franken und hielt es – für das zehnbändige Werk »Das malerische und romantische Deutschland« – in biedermeierlichen Stichen fest.

Es heißt, nirgends sonst in Deutschland ständen auf engstem Raum so viele Burgen. Kein Tal noch so schmal, kein Weg ohne mindestens ein Felsennest hochdroben.

Auch in ihrem Namen mißt sich diese Landschaft – seit 1829 – mit einem großen Vorbild. Die Begrenzung der Fränkischen Schweiz klärt ein Blick auf die Karte: ein Rechteck fast, mit städtischen Bastionen an den Eckpunkten und damit selber einer riesigen Burg ähnelnd. Die gedachte Linie führt von Bamberg ostwärts gen Bayreuth und weiter südlich bis Pegnitz. Von dort Richtung Westen nach Forchheim mit der alten Pfalz, einer nahezu quadratisch angelegten Wasserburg und wertvollen, aus verschiedenen Zeiten stammenden Wandgemälden im hohen Palas. Sozusagen als Anhängsel der Fränkischen Schweiz gilt der südwärts gelegene Veldensteiner Forst ...

Das Wegegeäder – den Tälern folgend, die Höhen querend – trifft sich im Herzen der Landschaft: in der Ortschaft Behringersmühle. Und auch die Wasser kommen hier zusammen. Die Wiesent, die unterwegs bereits an Kainach, Lochau, Trubbach und Aufseß hinzugewonnen hat, empfängt Püttlach und Ailsbach. So hat jedes Tal einen Bach, einen Weg und mindestens eine Burg oder Ruine, von denen nur einige hier genannt sein können.

Zwischen Leinleiter im Westen und Aufseß im Osten leuchtet das massige, vierflügelige Geviert von Burg Greifenstein weit in die Landschaft. 1172 zum erstenmal belegt und ehemals, wie so viele Anlagen hierzulande, im Besitz der Schlüsselberger, ist sie seit dem Ende des 17. Jahrhunderts Sitz der Grafen Schenk von Stauffenberg und der Öffentlichkeit zugänglich.

Weiter westwärts dann die Talenge der Aufseß, von Kennern als eines der schönsten Flecken des Jura gerühmt. Da sich das Flüßlein – im Bunde mit der Umgebung – sperrt, auf seiner ganzen bescheidenen Länge von Automobilen begleitet zu werden, müssen diejenigen, welche die Aufseß ganz haben wollen, zu Fuß kommen. Tal und Aufmerksamkeit der Besucher teilen sich die Burgen Ober- und Unteraufseß. Dazu gewesenen und gegenwärtigen Ruhm ihrer Besitzer. Hans Freiherr von und zu Aufseß gründete einst das Germanische Museum in Nürnberg, aus der Feder von Hans Max Freiherr von und zu Aufseß stammen viele glänzend geschriebene Bücher über die fränkische Heimat.

Burg Egloffstein über dem Wiesental der Trubach steht für des Jura Bande zum klassischen Weimar. Caroline Gräfin von und zu Egloffstein und deren Nichte Julie lebten längere Zeit am dortigen Hof und genossen das Vertrauen und die Bewunderung Goethes.

Der Ailsbach hat seine herrliche Burg Rabenstein, die Püttlach das Felsenstädtchen Pottenstein mit der gleichnamigen Burg. Nirgends sonst wie hier und ein Stück weiter, bei den Dolomittürmen von Tüchersfeld mit dem sogenannten Judenhof, zeigt sich der Jura so weiß, so bloß, so bizarr. Pottenstein ist die Burg der heiligen Elisabeth; hier, einhundert Meter über dem Tal, verbrachte sie den Winter 1227/28. Von der Wartburg in Thüringen vertrieben, erhielt sie durch ihren Onkel, Bischof Ekbert von Bamberg, auf Pottenstein Unterschlupf. Danach zog sie nach Marburg weiter, um ein Spital für die Armen zu gründen und ihr allerkurzes Leben wegzuschenken für diese und für Gott und ewiglange Verehrung zu gewinnen ...

Bleiben die Burgen der Wiesent: Wiesentfels, auf steinerner Kanzel über dem jungen Fluß, und Schloß Freienfels, dazu das kleine, freundliche Plankenfels und die große, düstere Burg Rabeneck mit der überhängenden Felsenkapelle St. Bartholomäus. Dann, weiter flußabwärts, Abstand von der Wiesent suchend und nur mit Turm und Giebelspitze aus dem Waldmeer heruntergrüßend, Burg Gößweinstein, und ganz in der Nachbarschaft das schmale Schlößchen Burggailenreuth. Hier oben will man den berüchtigten Raubritter Eppelein schalten, walten, rauben und morden gesehen haben. Er war es auch, der mit einer ungewöhnlichen, aber wirksamen Waffe, der Sprache nämlich, die Bewohner der fränkischen Metropole tief verletzt und sie bis heute dem Spott des ganzen Landes ausgeliefert hat. »Die Nürnberger henken keinen, sie hätten ihn denn vor!« – soll er ihnen bei seiner Flucht aus schier auswegloser Situation zugerufen haben.

Der Bergfried von Neideck scheint über dem Abgrund zu balancieren.

Schließlich die geheimnisvolle Ruine Neideck, deren Bergfried über Wiesent, Bahnlinie und Straße zu balancieren scheint – und das schon eine Ewigkeit: den Wolken ein Stachel, den Seglern von der Friesener Warte ein Zeichen, den Falken Unterschlupf, den Menschen romantisches Bild und Mahnung zugleich.

Im bischöflichen Bamberg

Zwischen der Altenburg hochdroben und Schloß Seehof draußen vor Memmelsdorf liegen Bamberg und ein paar hundert Jahre. Die aus dem frühen Mittelalter auf uns gekommene und durch Umbauten im 14. und 15. sowie zu Beginn unseres Jahrhunderts geprägte Burg ist auch Symbol des Triumphes über Krieg und Vergessen. Den ersten schweren Schlag führte 1553 Markgraf Albrecht Alcibiades, doch die Anlage wurde wieder aufgebaut. Erneut dem Verfall nahe, ging sie 1801 aus bischöflichem Besitz an den Arzt Dr. Markus, der sie zu seiner und auch zu der Romantik Herberge machte. E.T.A. Hoffmann war häufig hier oben und am liebsten offenbar in der Stube des nördlichen Mauerturmes, wo er sich mit Wandmalereien verewigte – was der Zeit nicht zupaß kam. Die Hinterlassenschaft ist verschwunden, die Burg um eine Attraktion ärmer. Ähnliche Verluste wiederholten sich; zuletzt während der dreijährigen Besetzung nach dem II. Weltkrieg. Daß es die Altenburg überhaupt noch gibt, verdankt sie beherzten und initiativreichen Bamberger Bürgern, die nach Dr. Markus' Tod den von dessen Gläubigern geforderten Abriß verhinderten und mit dem Altenburgverein jenes Gerüst zimmerten, das die Existenz einer der wichtigen (auch gastronomisch genutzten) Sehenswürdigkeiten Bambergs garantiert.

Drunten auf dem Domberg, über den Dächern der Stadt, treffen sich Romanik, Renaissance und Barock. Dom, Alte Hofhaltung und

Neue Residenz bilden ein besonders wirkungsvolles Bauensemble und repräsentieren Glanz und Macht des Bistums. Die Alte Hofhaltung glänzt mit romantischem Hof und beeindruckender Fassade. Blickfang ist der Erker, welcher die Strenge der Renaissance in einen Wirbel von Ideen, Linien und Formen auflöst. Der Bau steht auf dem Grund der Bamberger Burg, aus der im 11. und 12. Jahrhundert eine Pfalz wurde. Die ist längst verschwunden. Der Palas Heinrichs II. wurde allerdings erst 1777 abgerissen. In ihm meuchelte 1208 der Bayer Otto von Wittelsbach König Philipp von Schwaben.

Die Neue Residenz gilt als das erste der großen Schönbornschlösser in Franken. Zwischen den zwei Bauphasen lagen hundert Jahre. Die von Fürstbischof Philipp von Gebsattel initiierten und von dem Nürnberger Jakob Wolff d. Ä. 1599 begonnenen zwei Flügel (eigentlich sollten es drei werden) waren 1605/1608 im Rohbau fertig. Nachdem Lothar Franz von Schönborn 1693 zum Fürstbischof gewählt wurde, setzte er sich schon zwei Wochen später mit Johann Leonhard Dientzenhofer über sein liebstes Thema ins Benehmen: den Schloßbau. Dientzenhofer erweiterte die Neue Residenz um einen kurzen Trakt gen Westen und teilte auch die Räume neu auf. Ein Eckpavillon lockerte die Fassade des massigen Baues. Er beherbergt heute die Bamberger Staatsbibliothek.

Von einer großen Dreiflügelanlage träumte noch einmal Friedrich Karl von Schönborn. Der mit der Planung beauftragte Michael Küchel zielte ins Gigantische. Er wollte allein sechs Innenhöfe. Solche Rechnung konnte allerdings auch mit einem Schönborn nicht aufgehen. So blieb alles beim alten, und Friedrich Karls Bauwut mußte sich auf das Interieur beschränken. Mehr Genugtuung war ihm darin mit Schloß Seehof beschieden. Er vollendete, was seine Vorgänger Marquard Sebastian Schenk zu Stauffenberg und Lothar Franz begonnen hatten und sorgte für der Anlage neue Dimensionen. Wollte die rund zehn Kilometer Entfernung zwischen Schloß Seehof und Neuer Residenz mit einem Blick überwinden, wozu er eine lange Sichtschneise schlagen ließ. Mit der Ausstattung der Innenräume von Seehof beauftragte er u. a. Küchel und Balthasar Neumann. Letzterer projektierte auch die Orangerie, die zwischen 1733 und 1739 unter Johann H. Dientzenhofer entstand. Dieser wiederum zeichnete – mit Johann Leonhard – für die Eckrisalite und den Innenhof von Seehof verantwortlich. Der Vollender des Gartenwunders hingegen heißt Adam Friedrich von Seinsheim. Auf diesen Fürstbischof gehen u. a. die große Kaskade und der so überaus reiche Skulpturenschmuck zurück. Ferdinanz Tietz schuf in seinem Auftrag herrliches heiteres Bildwerk, das auch durch seine Vielzahl beeindruckte. Von den fünfhundert Figuren und Vasen, die einst einen der schönsten Rokokogärten Deutschlands verschönten, ist jedoch nur ein kümmerlicher Rest geblieben. Verschwunden die graziöse Zauberwelt der alten Stiche, das Fest der Sinne …

Das Schloß hingegen prunkt wieder in leuchtenden Farben und in unverwechselbarem Antlitz: Mit mächtigen Ecktürmen, die den quadratischen Bau zusammenhalten und ihre schiefergedeckten Kugelhauben – aus deren Spitzen neue, kleinere Kugeln quellen – riesigen Seifenblasen gleich gen Himmel zu schikken scheinen …

Durchs Nürnberger Land

Die Nürnberger Kaiserburg, Frankens Juwel, ist von einer Reihe Karfunkel umgeben. Dazu gehören unter anderem die durch einen fünfgeschossigen Turm miteinander verbundenen beiden Schlösser der Faber-Castell in Stein, die – obschon nicht sehr alt – ein sehr reelles Gründermärchen symbolisieren. Oder Schloß Simmelsdorf, das den Tuchern als Sommersitz diente und ländliches Gegenstück ist zu deren Nürnberger Schloß, das – ehemals vor der Stadt errichtet – längst von ihr vereinnahmt wurde. Die Tucher sind gleichermaßen durch Erwerbs- und Kunstsinn bekanntgeworden. Von den aus ihrem fordernd-fördernden Umgang mit den großen Künstlern der Zeit erwachsenen Sammlungen profitiert die Nachwelt. Während das Stadtschloß der Renaissance verpflichtet ist, wurde die ehemalige Wasserburg in Simmelsdorf zu einem neugotischen Schlößchen hergerichtet. Die vier Ecktürmchen, die aus dem gefachten dritten Stockwerk wachsen, zitieren allerdings recht deutlich jenen Nürnberger Baustil, der der Zeit des Tucherschen Aufstiegs, eben der Renaissance entsprang. Oder die südöstlich von Nürnberg gelegene Ortschaft Fischbach, die durch den Auszug der Patrizier ins Grüne gleich drei Schlösser beziehungsweise Herrensitze erhielt.

1504 kam das Wenzelschloß in Lauf an die Freie Reichsstadt Nürnberg, die es durch Martin Behaim renovieren ließ. Dreihundert Jahre darauf wurde das Land Bayern neuer Besitzer. Fehlt noch die – entscheidende – Vorgeschichte dieser pittoresken Anlage mitten im Fluß. Kaiser Karl IV. bestimmte sie als wehrhaftes Bindeglied zwischen Böhmen und dem westlichen Teil des Reiches. Geschickter und erfolgreicher Taktiker, der er war, ließ er zwischen 1356 und 1360 anstelle einer älteren Anlage eine neue errichten, deren zwei spitzwinklige Flügel den beschränkten Raum optimal ausnutzen und sichern. Auch sorgte er gleich für das nötige wirtschaftliche Umfeld. Ließ Münzen prägen und erhob Lauf zur Stadt. Und brachte den heiligen Wenzel aus Böhmen mit – als Patron der Anlage.

Nicht böhmische, sondern schlesische Assoziationen weckt der Name des Schlosses von Roth: Ratibor. Markgraf Georg der Fromme von Ansbach ließ es um die Mitte des 16. Jahrhunderts erbauen, und die Benennung ist in der Tat aufschlußreich und erinnert an die schlesischen Besitzungen des Markgrafen in Oppeln und Ratibor, von wo das Geld für den Bau kam. Wer in solch direktem Hinweis auf die Finanzen ein schlechtes Omen für Schloß Ratibor gesehen hat, mag sich durch dessen zeitweilige Existenz als Ort schnöden kapitalistischen Gelderwerbs (tatsächlich wurde hier eine Fabrik eingerichtet und Draht gezogen) bestätigt gefühlt haben. Allerdings gab es auch ein gutes Ende: Ein Nachfahre des Betriebsgründers ließ das Gebäude renovieren und schenkte es 1942 der Stadt zur öffentlichen Nutzung.

Nur zwei Jahre nach dem Laufer Coup machten sich die Nürnberger – in entgegengesetzter Richtung – die Ortschaft Lichtenau vor Ansbach zueigen und zur Festung. Deren Zerstörung durch Markgraf Albrecht Alcibiades führte später zum Bau einer noch stärkeren Zitadelle. Auch wer ohne Wissen von der Nürnberger Beteiligung an diesem Wehrbau hierher kommt, wird durch die beiden typischen Rundtürme am Schloß auf deren Spur geführt.

Nürnbergs Burg nahm eine Sonderstellung ein: 1356 wurde in der Goldenen Bulle festgeschrieben, daß jeder gewählte deutsche Kaiser seinen ersten Reichstag hierher einzuberufen habe. Damit wurde nur eine seit 1050 geübte Praxis bestätigt. Daß sich die gekrönten Häupter nebst Hofstaat in Nürnberg besonders wohlgefühlt haben, steht außer Zweifel. Da sie keine feste Bleibe besaßen, sondern von Pfalz zu Pfalz zogen und sich so die Wohltaten und Abgaben möglichst verschiedener Landstriche beziehungsweise Dienstherren zugute kommen ließen, muß das heutige Franken schon damals Herausragendes zu bieten gehabt haben. Vor allem aber war seine respektable strategische Bedeutung für die nach Osten drängenden, nach Land hungernden und von der Missionierung der Heiden redenden Herren nicht zu unterschätzen. So kam es nur rechtens, daß 1442 auch die Kroninsignien hier auf der Burg ihren Platz fanden.

Die Anlage ist dreigeteilt. Der westliche Part geht auf die Salier und auf das 11. Jahrhundert zurück und wurde von den Hohenstaufen zur Kaiserburg erweitert. Deren Burggrafen (zunächst die von Raabs, dann die Hohenzollern) benötigten eine eigene Wohnstatt. So entstand die Ostanlage. Später suchten noch die Nürnberger Patrizier Platz und Macht hier oben. Ließen sich mit der Verwaltung der Kaiserburg beauftragen, übernahmen dazu 1427 die teilweise zerstörte Anlage der Zollern und bauten selber: den Luginsland, die Kaiserstallung, die Bastionen. Vom romanischen Palas unter Kaiser Friedrich Barbarossa ist kaum noch etwas zu sehen, wohl aber soll jene Steinbüste überm Eingang des Rittersaals den Rotbart zeigen. Der auf uns gekommene Palas jedenfalls ist gotisch und beherbergt unter anderem neben dem erwähnten Ritter- auch den Kaisersaal und die Kapelle, den kunsthistorisch wertvollsten Teil der Burg. Als Doppelkapelle angelegt, wurde hier Gottes klassenloses Reich beschworen. In der Kirche selber gehörte der untere Raum dem Gefolge, der obere dem Hof und die Herrschaftsempore dem Kaiser – der sich selbstverständlich auf Platz eins der himmlischen Warteliste gesetzt hatte.

Der Deutsche Orden in Franken

Man kennt die frühen Machtspiele mit Ordensbeteiligung. Auch, daß die vormaligen Heiden an jenem Kreuz, das einst Christus seines gewesen war, mächtig zu tragen hatten. Doch der Orden geriet nicht nur mit diesen aneinander, sondern auch mit den eigenen Brüdern, das heißt, mit etlichen Herrscher- und Fürstenhäusern. Das alte Exempel, Macht zu teilen, bereitete schon immer Probleme. Daß eine so starke Organisation schließlich kollabierte, war jedoch weniger das Verdienst der Gegner, sondern eher hausgemacht. Durch die Wahl Albrechts von Zollern-Brandenburg zum Hochmeister glaubte man vergeblich, den Orden mit den deutschen Fürsten verquicken und stärken zu können. Albrecht, noch auf der Marienburg an der Nogat residierend, wendete sich anläßlich einer Reise nach Deutschland im Sinne der Reformation und wurde von Luther bewogen, den Ordensstaat in einen weltlichen umzuwandeln und sich als Herzog an dessen Spitze zu stellen. Derlei Coups sind bekanntlich bis heute im Schwange ...

Jedenfalls mußten sich die Regenten der im Reiche verstreuten Ordensgebiete (zu den Besitzungen des Ordens in Franken zählte u. a. auch die Burg Virnsheim) eine neue politische Zentrale geben. Mergentheim wurde Hauptsitz des Ordens, der zwar 12 Balleien, aber nur noch 2 200 qkm Land besaß. Der Nordtrakt des Mergentheimer Schlosses wurde 1568 begonnen, im Laufe der Jahre kamen noch weitere Verwaltungsgebäude, Depots- und Werkstätten hinzu. Das Priesterseminar wurde erst 1710 erbaut. Die Nüchternheit der Schloßanlage wird nur durch die barocke Kirche unterbrochen. Auch wenn der Deutschmeister damals auf der politischen Stufenleiter des Reiches gleich hinter den Erzbischöfen stand, war diese Position angesichts der tatsächlichen Bedeutungslosigkeit des Ordens schon recht wacklig. Überlieferungen wie die von jenem Bankett 1793 in Mergentheim, wo man die Gerichte mit aus Schweineschwarten geschnittenen Ordenskreuzen verziert hatte, kennzeichnen die Kluft zwischen altem Anspruch und neuer Realität.

Franz Keller, der Schöpfer des Mergentheimer Priesterseminars, hat sich und der Nachwelt das schönste Denkmal in Ellingen hinterlassen. Mit der Residenz der Ordensballei Franken wurde und wuchs auch die Stadt. Beider Antlitz ist barocken und bis heute ein Stück gerettete Zeit. Rathaus, Maximilianskapelle und Pfarrhaus sind ebenso Ordenswerk wie die Residenz. Die, eine prächtige Dreiflügelanlage, hat mit der Kirche ihren vierten, ergänzenden Trakt und ist sowohl von imposanter Größe als auch von beeindruckender Gestalt und Ausstattung. Die Kunsthistoriker verweisen auf die Originalität des Bauwerkes, auf seinen eigenen fränkischen Charakter. Natürlich sind auch die Vorbilder erkennbar. Der österreichische Barock stand ebenso Pate wie sein französischer Verwandter mit dem typischen Pavillonsystem. Keller hat beides zusammen-, aber nicht durcheinander-, sondern zu schönster Vollendung gebracht.

Ansbach läßt grüßen

Man stelle sich vor: Da standen in Nürnberg die Kaiser-, die Zollern- und der Stadt Burg auf engstem Raum beieinander. Die Patrizier, die alles wollten, mußten sich zunächst mit einem Blick von oben in das Areal der Burggrafen begnügen. Zu diesem Zweck erbaute man 1377 den Luginsland. Kein Wunder, daß den Zollern die mauerguckenden Nachbarn nicht besonders gefielen. Vielleicht hielt man sich für den Klügeren und gab nach. Sah sich nach ruhigeren Immobilien, nach freundlicherer Umgebung um. Kam so auf die Cadolzburg an den Ausläufern des Steigerwaldes. Um die Mitte des 13. Jahrhunderts beerbten die Zollern die Abendsberger, denen diese Anlage gehört hatte, verlegten ihre Residenz hierher und versicherten sich der wohlwollenden Unterstützung der Habsburger und besonders jener Karls IV., der den damaligen Nürnberger Burggrafen Friedrich V. zum Reichsfürsten beförderte sowie noch etliche andere Wohltaten erwies. Der darauffolgende Friedrich, Gemahl einer schönen und wahrscheinlich auch teueren Frau, ließ die Burg aus- und umbauen und machte den größten Sprung: Zum Dank für seine Königstreue erhielt er das Kurfürstentum Brandenburg (1415). Mit seinem Namen und Wirken ist auch die Burg Colmberg verbunden. Es heißt, der aufmüpfige brandenburgische Adel hätte ihn so beschäftigt, daß für Colmberg keine Zeit mehr geblieben sei. Die schöne Anlage, mit romanischem Bestand und neugotischem Profil, ist heute auch gastronomischer Anziehungspunkt. Was Friedrich IV. betrifft, so machte der seinen Weg und beinahe bis an die Spitze. Er war Königsmacher, half aber auch, einen abzusetzen (Wenzel) und griff zuletzt selber (aber vergeblich) nach der Krone. So kehrte er wieder auf die Cadolzburg zurück, die im Dreißigjährigen Krieg mehrmals zerstört und danach vom Ansbacher Markgrafen Wilhelm Friedrich im Geiste der Renaissance wieder hergerichtet wurde. Genug Mittelalter gibt es trotzdem noch: Der Ostteil der Anlage mit der Kapelle stammt aus dem 13. Jahrhundert, dazu das Haupttor mit dem Turm, der einmal Bergfried gewesen ist.

1456 hatte Markgraf Albrecht Achilles seine Residenz von der Cadolzburg nach Ansbach verlegt. Dessen Vater, eben jener Burggraf Friedrich VI. (später, als Kurfürst von Brandenburg, Friedrich I.) hatte den Bau als Wasserburg angelegt, die Vater und Sohn Behaim zwischen 1522 und 1530 gründlich umgestalteten. Ungefähr ein halbes Jahrhundert später gaben ihr der Königsberger Berwart und darauf der Ulmer Bacher ein Renaissancegewand. Ihr heutiges Aussehen erhielt die Residenz erst zwischen 1694 und 1749. Der Ruhm gehört drei Bauherren und drei -meistern. Während Gabrieli und Zocha (letzterer prägte zusammen mit Markgräfin Christiane Charlotte auch des Hofgartens heutiges Antlitz) für die Gebäudetrakte verantwortlich zeichneten, gilt als Rettis Hauptbeitrag die Inneneinrichtung – eben das »Ansbacher Rokoko«, welches französische, bayerische und italienische Elemente zu Neuem verband und sich vom »phantasievollen bayerischen und hitzigen Würzburger wie vom empfindsamen Bayreuther Rokoko« durch »seinen maßvollen, ja strengen Charakter« unterscheidet (E. Bachmann). Der eine mag Wilhelmines Schöpfungen, der andere die ihrer Schwester und des »Wilden Markgrafen« favorisieren. Folgte man Friedrich dem Großen, der den Ansbacher so verachtete, wie er seine Bayreuther Lieblingsschwester verehrte, wäre der Bewerb entschieden …

Bleiben die Schlösser in Ansbachs Umgebung: Vom Osten über die Frankenhöhe kommend, führt kein Weg am hohenlohischen Schloß Schillingsfürst vorbei. Die auf eine alte Burg zurückgehende dreiflügelige Anlage rahmt einen großen Ehrenhof und ist vorzüglich ausgestattet.

Wie das idyllische Rammersdorf oder das massige Schloß Altenmuhr zählt Sommersdorf zu den sehenswerten mittelfränkischen Wasserburgen; Kenner halten es überhaupt für die schönste. Die Anlage dürfte auf Ludwig von Eyb und die Wende vom 14. zum 15. Jahrhundert zurückgehen und macht noch heute einen drohenden, wehrhaften Eindruck. Der wassergefüllte Graben hingegen läßt in seinem Spiegel den wuchtigen Bergfried ebenso zu schlichter Größe schrumpfen wie die Mauern und Bastionen. Zum Grau der Gemäuer und dem Rot der Dächer kontrastieren das blaudunkle Wasser und das Grün der Umgebung. Wenn jetzt noch die Sonne mitspielt, bräuchte es das ganze Reservoir des Grabens, den Farbenbrand zu löschen.

Neben dem nördlich von Ansbach gelegenen Wasserschloß Rügland ist auch Schloß Sommersdorf im Besitz des Hauses Crailsheim.

Stadt mit Burg – Rothenburg

Natürlich die Stadt zuerst, jene so geschlossen und zauberhaft auf uns gekommene mittelalterliche Erblassung. Der Name ist wohlbekannt und Magnet: Man kommt nach Deutschland, um Rothenburg zu sehen. Drängt sich durch das Geäder der Straßen und Gassen, vorbei an fachwerkener Pracht und Idylle, an der Mauern und Türme steinernem Rahmen. Taucht ein in die Geschichte und in die Geschichtchen; Erfährt jene des Heinrich Toppler, der 1408 seine Loyalität zum abgesetzten König Wenzel mit dem Leben büßen mußte, wobei es keine Rolle spielte, daß er fünfunddreißig Jahre lang der Stadt ein guter, erfolgreicher Bürgermeister gewesen war. Sowohl das sogenannte Topplerschlößchen im Tal der Tauber als auch sein

Wirken selbst lassen ihn ebenso in der Erinnerung bleiben wie jenen Ratsherrn, der knapp dreieinhalb Liter Wein ohne abzusetzen in sich hineinfließen ließ und dadurch sich und etlichen anderen das Leben erhielt, wonach ihnen der Söldnerführer Tilly getrachtet hatte.

Auf Grund des vielen Schauens- und Erinnernswerten übersieht man nicht selten die Burg inmitten der Häuserenge. In der Tat ist kaum mehr etwas übrig von jener aus dem 10. Jahrhundert stammenden Anlage, die einst das Werden der Stadt ermöglichte und selber darin unter- beziehungsweise aufgegangen ist. Nur das Tor und die Umfassung künden von Rothenburgs Keimzelle. Den Aufmerksamen wird jene Tafel an der Mauer nicht entgehen, die davon berichtet, daß 1525 just an dieser Stelle der radikale Theologe Dr. Bodenstein, genannt Karlstadt, in einem Korb ins Taubertal hinabgelassen worden sei – wodurch er sein Leben behalten und später, im thüringischen Orlamünde, die landesherrliche Obrigkeit nebst Dr. Luther beschäftigten sollte. Aufschlußreich, daß er sich besonders weiblicher Anhängerschaft erfreut hat. Während ihm die Rothenburgerinnen das Leben retteten, versuchten die Orlamünderinnen gleiches mit seiner Ehre – indem sie seinen Widerpart Luther mit bösen Worten und spitzen Steinen traktierten. Darauf soll der zornige Reformator sie gar unchristlich verflucht und ihnen allesamt Kröpfe an den Hals gewünscht haben.

Im alten »Castelwalt«

Eine ganze Reihe von Burgen und Schlössern zeugt noch heute für den Ruf des mittelalterlichen Steigerwaldes, ein »Castelwalt« zu sein. Hinge hier irgendwo jener über den Superlativ an Schönheit befindende Märchenspiegel, müßte dessen Wahl – sollte er nicht an Glaubwürdigkeit verlieren – auf Schloß Weißenstein fallen. Lothar Franz von Schönborn, Kurfürst von Mainz und Fürstbischof von Bamberg, war ein Mann von besonderem Format, der auf den Gebieten der Politik und Kunst gleichermaßen geschickt und erfolgreich Regie zu führen wußte. Sowohl der Welt als auch der Kirche verpflichtet, dürfte er sein größtes Vergnügen bei der Errichtung von Schlössern und Parks gehabt haben. War er doch nach eigenem Bekenntnis ein vom »Bauwurmb« Besessener. Mit dem Blick des Ästheten, des Initianten und Vollenders erkannte er die unvergleichliche »Pommersfeldische Situation«, das heißt, die Lage der ererbten Besitzung. Anstelle des vorhandenen Baues, für Schönborn eine »speluncam latronum«, wurde 1711 mit der Errichtung eines neuen Schlosses begonnen. Die Pläne stammten von Johann Dientzenhofer, das Vorhaben war 1718 zur Gänze beendet. Das prachtvolle Bauwerk fand schon damals die Bewunderung der Zeitgenossen. Über den unvergeßlichen Anblick, die Ausstattung und die Sammlungen hinaus, galt und gilt den Fachleuten das Treppenhaus im Mittelbau – von Lothar Franz von Schönborn selber erdacht – als Gipfelleistung deutscher Barockarchitektur. Was das Äußere betrifft, ragt ebenfalls der Mittelbau heraus. Grüßt mit Portal, mächtigen Säulenvertikalen und geheimnisvollen Bildallegorien den Hof und mit stolzer, vornehmer Geschlossenheit den Garten.

Sein Gruß gilt auch dem kleinen, aber ebenso beeindruckenden Schloß Reichmannsdorf, das als »Pommersfelden en miniature« gilt. Im Besitz des Hauses Schrottenberg, zeugt es für dessen erlesenen Geschmack und das Wirken großer Baumeister und Ausstatter. Kein Geringerer als Johann Dientzenhofer steht für das 1714 begonnene neue Schloß, Johann Michael Küchel lieferte für den Garten die Pläne. Es gilt jedoch als nahezu sicher, daß der Anteil der Bauherren an der Planung sehr umfangreich und auch darin jenem der Schönborns verwandt war.

Die Fürsten und Grafen Castell repräsentieren eines der ältesten deutschen Fürstengeschlechter. Ihr Name bürgt für vorzüglichen Wein, idyllische Schlösser und kulturelles Engagement. Die beiden Linien residieren eng beieinander: In Rüdenhausen und in Castell stehen ihre Schlösser mit viel Atmosphäre – wie es zu dieser Landschaft des Weines und des vom Kranz des Waldes gezügelten Übermutes paßt. Rüdenhausens erste urkundliche Erwähnung reicht in das Jahr 1258 zurück. Die ehemalige Wasserburg wurde mehrmals umgebaut und besitzt gotische Turmsubstanz; gegenüber das neue Schloß ist viel jünger (1803/07) und strenger, das heißt, klarer gegliedert und aus einem Guß.

Die Ortschaft Castell weiß ihren Namen seit dem Jahre 816 in den Annalen der Benediktinerabtei Münsterschwarzach verzeichnet. Die beiden Burgen auf dem Herren- beziehungsweise Schloßberg fielen im Bauernkrieg. Auch ein zweiter Anlauf, letzteren Berg erneut zu bewehren, scheiterte. Von der zu Beginn des 17. Jahrhunderts errichteten Oberen Burg blieb nur ein Treppenturm erhalten. Drunten, das neue vierflügelige Schloß, stammt vom Ende des 17. Jahrhunderts und ist architektonischer und geistig-kultureller Mittelpunkt der dörflichen Idylle.

Während sich Schloß Schwanberg über dem gleichnamigen nahezu 500 Meter hohen Tafelberg erhebt, sucht Schloß Wiesentheid das ebene Land und Abstand zum Steigerwald. Die Anlage wurde sowohl durch Valentin Fuchs von Dornheim (um 1550) und dessen Sohn (ab 1576) als später auch durch Rudolf Franz Erwein von Schönborn entscheidend geprägt. Letzterer suchte, im Gegensatz zu seinem Onkel und den Brüdern, die kurfürstliche beziehungsweise fürstbischöfliche Macht repräsentierten, nicht die Öffentlichkeit, sondern die Stille. Von den schönen Künsten liebte und praktizierte er die Gartengestaltung und Musik besonders. 1718, nach dem Tode seiner Frau, sandte er ihr ein lyrisches Gedicht hinterher, in dem er mehrmals bekräftigt: »Laß mich in der Einsamkeit.« Vom Bauen, Umwandeln, Neugestalten wollte freilich auch er nicht lassen. 1708 hatte er sein Werk mit der Errichtung einer Kapelle begonnen. Die stand fortan als gutes Omen für den Fortgang der Arbeiten, welche – Schritt für Schritt – das Aussehen des Schloßgevierts und dessen Einrichtung verwandelten. Wenngleich sein eremitisches Dasein der Familie nicht gelegen kam, war man sich in der nahezu schwärmerischen Begeisterung für die Gartenkunst wieder einig. Dem Park zu Wiesentheid (Lusthaus oder Gartensaal wurden vermutlich von B. Neumann entworfen) erging es nicht anders als jenen bekannteren Schöpfungen des Lothar Franz von Schönborn. Er hatte sich dem Geschmack der nachfolgenden Zeit zu beugen, der englisch wurde und ernst genommen werden wollte wie alle Anfänge und Umbrüche …

Ohne Zweifel ist der Westhang des Steigerwaldes dessen attraktivster Teil. In unmittelbarer Nachbarschaft von Main und Wein wächst das Mittelgebirge wie eine Mauer aus der Flußsenke und gebietet schroff Halt. Im Osten hingegen verbeugt es sich vor Aisch und Regnitz. Auf seinem immer noch beachtlichen Buckel sitzt dort fest und wuchtig Schloß Schwarzenberg. Aus alter Zeit sind zwei der vier Flügel noch von einer turmbewehrten Mauer umzogen. Nachdem der vorhergehende Bau durch einen Brand weitgehend zerstört worden war, erhielt das Schloß zwischen 1607 und 1618 sein neues, sein heutiges Gesicht. Das Geschlecht derer von Schwarzenberg hat über Jahrhunderte hinweg bis heute deutsche beziehungsweise österreichisch-böhmische Geschichte geschrieben. Kluge, aber auch eigenwillige Männer wie Johann Freiherr von Schwarzenberg, der als Chef der bischöflichen Regierung in Bamberg das peinliche Recht in Deutschland reformierte, haben Ansehen, Besitz und Einfluß dieses Hauses zu mehren verstanden. Übrigens – wer seinen Goethe wirklich gut gelesen hat, wird wissen, daß dessen »Götz von Berlichingen« auf Schwarzenberg beginnt …

Vom Steigerwald schon fast entlassen, hatte Schloß Frankenberg einst den Anspruch der Nürnberger Burggrafen gegenüber Würzburg (mit der benachbarten Veste Hinterfrankenberg) zu vertreten. Doch bereits 1281 erwarb das Bistum auch Frankenberg, das – über verschiedene Besitzer – zu Beginn des 16. Jahrhunderts an die Hutten geriet, die sowohl das Hauptschloß errichten, als auch die Vorburg und, am Anfang des 18. Jahrhunderts, die Innenräume erneuern ließen. Die Anlage scheint aus einem Märchen zu stammen. Mauer- und turmbewehrt liegt sie in einem grünen Waldmeer verborgen, und am uralten Efeu klammert Zeit. Dornröschen, meint man, müßte in einem Turm noch schlafen, und in der herrlichen alten Schloßküche sucht man nach jenem Koch nebst Gehilfen, die der Schlaf beim Backpfeifenausteilen beziehungsweise -empfangen überrascht und gebannt hat.

Auch auf Frankenberg das alte Lied und Leid: Was man hier durch die gebotene Renovation gewänne, dürfte an Atmosphäre verloren gehen.

Zu Besuch im Dreieck des Mains

Das Ende zuerst: Es ist sächsisch-gothaisch und grausam. Wilhelm von Grumbach hatte die Gunst des in Gotha regierenden Ernestiners Johann Friedrich des Mittleren erworben, indem er diesen in seine angebliche Zukunft schauen ließ, die den Kurhut für ihn bereithielt. Von solcherlei Aussicht angestachelt, schlug sich der Leichtgläubige auf Grumbachs Seite und machte dessen Sache zu seiner eigenen. Die Geschichte sah wohl zunächst den fränkischen Ritter im Recht. Da ihm der Würzburger Bischof dieses verweigerte, tötete er ihn und erpreßte fünf Jahre später (1563) von den Bürgern und Domherren der Stadt 10 000 Taler. Derlei Selbstjustiz mochte aus der Ohnmacht des Rittertums entspringen. Grumbach fühlte sich mit Götz von Berlichingen und Florian Geyer, mit Sickingen und Hutten verbunden. Seine Mutter war selber eine Hutten, seine Schwester die Frau des Schwarzen Ritters (Geyer).

Dem Kaiser, der die Acht über den Aufmüpfigen und dessen Gönner verhängt hatte, dürfte es eine besondere Freude gewesen sein, Kurfürst August von Sachsen gegen seinen ernestinischen Vetter in Gotha zu schicken. Nach viermonatiger Belagerung öffnet die eigene Bevölkerung dem Feind, der plötzlich zum Freund wird, die Tore. Grumbach und seine reichsritterliche Begleitung werden unter öffentlichem Beifall gevierteilt, dazu der Gothaer Kanzler Brück – stellvertretend für seinen Herzog, der mit Gefangenschaft davonkommt …

Schloß Grumbach über Rimpar rechnet zu den zahlreichen Wehrbauten des als Maindreieck bekannten geographischen Rahmens. Die Anlage wurde 1325 erstmalig erwähnt und ging, nach dem Erlöschen des Grumbachschen Geschlechts, in den Besitz des Würzburger Hochstifts über. Julius Echter ließ sie als Sommersitz ausbauen und seinen Widersachern mit dem mächtigen Eckturm drohen. Überhaupt wirkt dieses Schloß ziemlich widerspenstig und abwehrend und dürfte darin seinem vormaligen Herrn, eben dem Grumbacher, ausgesprochen ähnlich sein.

Ganz anders dagegen die Ruine Karlsburg hoch über dem Main, deren Umgang mit Zeit und Menschen nicht so glücklich verlaufen ist. Die Anlage geht auf die Merowingerzeit zurück, zählt also zu den ältesten Befestigungen Frankens. Um 1200 gab Bischof Konrad von Querfurt eine neue, wehrhaftere in Auftrag. Das linke Mainufer gegenüber Karlstadt und die Würzburger Bischöfe bekamen eine starke Bastion. Deren Vögten freilich gefiel es unten, in Karlstadt, besser. Die Stadt war viel kommoder als die Burg, die – zu allem Überdruß – bereits Anfang des 16. Jahrhunderts in Flammen aufging. Es blieb eine Ruine von besonders romantischem Zuschnitt: mit den Mauern des zweiten, geschrumpften Bergfrieds und der doppelgeschossigen Fensterfront des Palas hoch überm Main.

Auch von der Ruine Homburg im benachbarten Werntal sind nur Reste eines Wohnbaues und des Bergfrieds erhalten. Dazu die Überlieferung einer fernen, großen Zeit. Die Steilhänge boten nur dreiviertel Sicherheit. So mußte die gefährdete Bergseite gleich zwiefach geschützt werden. Hinter der Vorburg legte man einen Halsgraben vor die eigentliche Anlage. Die von Hohenberg hatten scheinbar für alles vorgesorgt und sich bestens präpariert gegen alle Angriffe, nur nicht gegen sich selbst: Sie starben aus. Mit der Zeit verfiel die Burg. Ist seit Beginn des 18. Jahrhunderts nicht mehr den Menschen, sondern höchstens den Falken Domizil.

Schloß Mainberg bei Schweinfurt

Allen Besitzern und Nutzungen zum Trotz hat sich Schloß Mainberg bei Schweinfurt bis heute über die Zeit gerettet. Die bauliche Substanz stammt aus dem 13. (Bergfried), dem 15. (Nordtrakt) und aus dem 16. Jahrhundert. Die einstige Burg des thüringischen Grafen Bertold von Henneberg-Schleusingen gehörte später u. a. dem Würzburger Bistum, wurde von den Schweden genommen (1631) und von den Bayern (1802) und beherbergte im gleichen Jahrhundert auch eine Tapetenfabrik. Danach gab es wiederum verschiedene Besitzer, und in den fünfziger Jahren unseres Jahrhunderts wurde hier oben – inmitten der Weinberge – Parfüm produziert ...

Über Wein wacht auch die Hallburg bei Volkach. Wer die etwas versteckte Auffahrt findet, gewinnt einen herrlichen Ausblick über Bacchus' Reich am Main und hat die große Mainschleife zu Füßen. Der Fluß umarmt die Berge, und es fehlt nicht viel, daß der Ring geschlossen und also eine Insel entstanden wäre mitten im Land. Fürwahr ein lieblicher Winkel! Kein Wunder, daß es der Legenden und Sagen gleich etliche gibt. So die Mär von den zwei Herren der Hallburg aus dem Geschlecht der Zollner, die es ins Heilige Land gezogen hatte, wo sie gefangengenommen und zum Tode verurteilt worden waren. In der Nacht vor der Hinrichtung sollen sie noch einmal zu der wundertätigen Maria der Kapelle auf dem heimatlichen Kirchberg gebetet haben und eine junge Türkin, die dem Christenglauben und ihnen zugetan war, in ihre Fürbitte eingeschlossen haben. Worauf ein Wunder geschehen wäre und sich alle drei am nächsten Morgen vor eben jener Kapelle, also zuhause, wiedergefunden hätten. Sieht man von der zauberischen Art der Rückreise ab, erinnert diese Sage an jene des Grafen von Gleichen im Thüringischen – die freilich viel weiter geht. Dieser Ritter soll sich nämlich die mitgebrachte Sarazenin mit allerhöchster Erlaubnis als zweite Frau antrauen haben lassen. Eine Grabplatte im Erfurter Dom mit dem Grafen und seinen zwei Gemahlinnen scheint diese Lesart zu bestätigen.

Zurück zur Hallburg. Franz Erwein Graf von Schönborn, der Besitzer, machte sie in den Zwanzigern zum Musensitz. Die Sommer über residierte hier Polyhymna, der Musik Beschützerin.

Wer dramatische Inszenarien liebt und sich für ein Würzburger Finale seiner Reise zu den Burgen und Schlössern des Maindreiecks entschieden hat, sollte das Wernecker Intermezzo nicht auslassen. Von 1734–1744 erbaute Balthasar Neumann im Auftrage Fürstbischofs Friedrich Karl von Schönborn das weiträumige Schloß. 1744 wurde auch der Mittelpavillon der Würzburger Residenz beendet. Neumann, zur damaligen Zeit wohl der Gefragteste deutsche Baumeister, hatte verschiedene Projekte in Arbeit. Er probierte, experimentierte, ließ hier seinen Ideen und Plänen freien Lauf, während er sie dort vollendete. Nicht zufällig ist der Aufbau der Fassade von Schloß Werneck jener der Residenz in Würzburg verwandt. Werneck war als Sommersitz geplant, der Park ehemals im französischen Stil gestaltet. Das Schicksal und die Nachfolger Friedrich Karls favorisierten jedoch statt dieser Anlage die von Veitshöchheim. So wurde Werneck nicht *der* Anziehungspunkt, sondern – vor allem mit dem herrlichen Mittelbau – einer unter mehreren.

Die Krone der Bauwerke unter Neumannscher Regie ist ohne Zweifel die Residenz in Würzburg. Bauherr Johann Philipp Franz von Schönborn war für seine Ansprüche und – Ausgaben bekannt. Seine Residenz sollte Maßstäbe setzen über Franken oder gar Deutschland hinaus. Neumann hatte die Vorstellungen verschiedener Architekten, Baumeister und der Schönbornschen Familie zu koordinieren, während bestimmte Bauabschnitte jeweils dem Urteil kompetenter Leute standhalten mußten. Bauherren und Bauleiter weiteten ihren Blick um internationale Dimensionen. Johann Philipp Franz, der Initiant der riesigen Anlage, hatte in Rom studiert; sein Bruder Friedrich Carl, der sie vollendete, ebenfalls und dazu noch Reisen nach Frankreich, Polen und Schweden unternommen. Von Wien ist ihm Johann Lukas Hildebrandt bekannt gewesen, der vor allem die Gartenfront der Residenz geprägt hat. Neumann wiederum gestaltete die Ansicht zur Stadt hin. An den Mittelbau stoßen zwei symmetrische Gebäudeflügel, die einen großen Ehrenhof flankieren und jeweils den imposanten Rahmen für zwei Binnenhöfe liefern. Die beeindrukkende architektonische Wirkung wird durch das kostbare Interieur noch gesteigert. Prunk und Pracht scheinen sich von Saal zu Saal, von Raum zu Raum übertreffen zu wollen. Und trotz der Fülle sind immer der Bezug, das Maß gegenwärtig. Wer in diese inneren Gemächer vordringt, erliegt bereits im Treppenhaus deren Zauber. Im Licht- und Farbenüberschwang gerät man beschwingt und leicht dem Himmel näher, der sich 18 mal 32 Meter frei über dem Raum wölbt und von Neumann entworfen und von Tiepolo zum Hintergrund des größten Gemäldes der Welt gemacht wurde. Einem solchen Entree muß Steigerung folgen: des Kaisersaals Herrlichkeit etwa oder die gauklerischen Illusionen des Spiegelkabinetts und die gewißliche Verheißung des Gottesreiches in der Hofkirche.

Die Residenz in der Stadt hält gewissermaßen Zwiesprache mit ihrer Vorgängerin überm Main, der Festung Marienberg. Bis 1720 war letztere Sitz der Fürstbischöfe. Julius Echter von Mespelbrunn verlieh den Bauten das Gewand der Renaissance, Johann Philipp von Schönborn ein barockes. Hier oben haben Zeiten und Stile Eintracht zu üben. Man begegnet Zeugnissen des staufischen Imperiums und solchen der Gotik. Die Festung mit den kostbaren Schätzen des Mainfränkischen Museums hat seit den Kelten häufig Gesicht und Besitzer gewechselt. Die Marienkirche soll auf Herzog Hetan II. zurückgehen und im Jahre 706 errichtet worden sein. Dann wäre der Rundbau die älteste christliche Kirche rechts des Rheins. Der Randersacker Turm, am Südosteck der Festung, diente nicht nur als Archiv des Hochstifts, sondern auch als Gefängnis. Hinter dessen Mauern litt – zusammen mit vierzig anderen Würzburger Bürgern, die 1525 nach der Niederlage des verbündeten Bauernheeres gefangengesetzt worden waren – auch Tilman Riemenschneider. Seine Parteinahme für die Bauern kostete ihm zwar nicht den Kopf, wohl aber die Schaffenskraft, die ihm im wahrsten Sinne des Wortes gebrochen worden sein soll. Wer vor seinem Rothenburger Heilig-Blut-Altar steht und Judas im Zentrum des Mittelschreins sieht, wird erkennen, daß die Geschichte des Verrats jene der Menschheit ist.

Von dem in das Maintal vorstoßenden Bergrücken aus liegt einem die Stadt zu Füßen. Wenn der Nebel aus dem Fluß steigt und die steinernen Heiligen auf der Alten Mainbrücke sich von ihren Podesten zu lösen und klammheimlich davonzumachen scheinen, wollen manche ein Wunder und jenes Bild der Stadt gesehen haben, wie es vor dem 16. März 45 gegolten hat.

Paradiesschlösser

Wie man weiß, wurden die frühen Gärten als Teil des Hauses, als dessen Erweiterung angelegt. Zu den Anlagen, deren Ruf nicht die Schloßbauten, sondern die Gärten begründet haben, zählt auch Sanspareil mit der im Westen anschließenden Burg Zwernitz. Die wechselte häufig ihre Besitzer. Und was die Hussiten nicht schafften, gelang 1634, zweihundert Jahre später, den Kaiserlichen: Sie zerstörten die Burg. Danach wurde wiederaufgebaut und instandgesetzt; vermutlich immer im Wettlauf mit Wind und Wetter und nicht selten halbherzig. Erst Markgräfin Wilhelmine von Bayreuth ließ 1746/47 gründlich renovieren. Freilich nicht der Burg, sondern des Felsengartens wegen, dem diese nunmehr Staffage zu sein hatte. Wer hierher kommt, sucht nicht die Burg Zwernitz, sondern jenes geheimnisvolle vom Morgenländischen Bau gekrönte Felsenlabyrinth, dessen Wege und Stationen aus der symbolischen Verbindung mit der Antike zu einem aufgeklärten, harmonischen und menschenfreundlichen Staatsgebilde führen sollten ...

Im Sommer 1758, sie hatte nicht mehr lange zu leben, ließ Wilhelmine mit den Arbeiten an Schloß und Park Fantaisie beginnen. Auch hier wird von der Landschaft Entscheidendes eingebracht: Phantastische Felsgebilde, die steile Terrassierung, der Wechsel von Wiesen und Wäldern. Wilhelmines Hinterlassenschaft blieb Fragment und war als solches wie geschaffen, um ihrer Tochter Friederike als Ausgang einer romantisch-sentimentalen Anlage zu dienen. Der Landschaftspark begeisterte unter anderem Jean Paul und Richard Wagner. Wurde Ort ihrer Literatur beziehungsweise Quelle ihrer Inspiration.

Eine vorzügliche Gelegenheit, barockes Zeit- und Lebensgefühl nachzuvollziehen, bietet sich in Weikersheim. Den Anfang soll eine

Wasserburg gemacht haben, die auch als Stammsitz der Weikersheimer – die sich später Hohenlohe nannten – gilt. Als älteste Teile der heutigen Anlage finden sich eine Kemenate und ein Bergfried, dessen barocke Haube vergeblich Jugend vorzutäuschen versucht. Neben den Wohnräumen (mit den sogenannten »schönen Zimmern«) ist vor allem der Festsaal dem Auge eine – anstrengende – Freude. Die Fülle an Interieur will bewältigt sein: Oben, auf Leinwand, die Bildwerke der mächtigen Kassettendecke. An den Längswänden die stuckene Illusion einer Menagerie, Porträts und malerische Schloßdarstellungen. An den Stirnseiten ein himmelwärts steigender Kamin und ein Portal für Riesen. Graf Carl Ludwig tat alles, um diese Pracht draußen noch einmal zu steigern. Die Terrasse vor dem Saalbau datiert von 1709, sie war der Beginn; die Orangerie von 1719 sowohl räumlicher Abschluß zur Tauber hin als auch Gegenstück zum Schloß und baulicher Höhepunkt des Gartens.

Das Schlößchen in Veitshöchheim wurde zwischen 1680 und 83 erbaut; die Seitenpavillons entstammen dem Jahre 1753 und den Plänen Balthasar Neumanns. Auch dieser Bau wirkt erst durch seine Umgebung, ist ein Stück des Gartens, der ihn umgibt. Obwohl die Natur Grenzen gesetzt hat, ist auf diesem relativ engen Raum *der* deutsche Rokokogarten entstanden und in seiner ganzen Herrlichkeit auf uns gekommen. 1702/03 veranlaßte Fürstbischof Johann Philipp Freiherr von Greiffenclau die Umwandlung des einstigen Tiergartens. Des Schlößchens Nachbarschaft wurde zum erstenmal verändert, es erhielt ein Parterre und zwei Wasserbassins. Nach Johann Philipp Franz von Schönborn und Christoph Franz Freiherr von Hutten ließ Adam Friedrich von Seinsheim die Anlage nach seinem Bilde formen und einen in allem durchgebildeten Lustgarten einrichten. Dort gibt es Bilder, Motive, Symbole und Allegorien en masse und Gelegenheit, in den Gartenspiegel einer idealen Welt zu schauen, wo das Paradies noch ist und die Utopien leben, als würden sie nicht ständig von der Realität widerlegt.

Burgen und Schlösser im Mainviereck

Der Main hält es mit der Geometrie. Fließt im Drei- und Viereck und im Wer weiß was noch, hätte er Gelegenheit dazu und müßte er nicht aufgehen im Rhein. Inmitten jenes Gevierts aber liegt ein Geheimnis, beginnt ein Märchen …

Es war einmal ein großer, dichter Wald, Spessart genannt, der alle anderen deutschen Forste an Ausdehnung übertraf. Er bot den wilden Tieren Unterschlupf und den Räubern auch, welche die Bewohner der umliegenden Ortschaften ängstigten und die Phantasie der Dichter beflügelten. Die hohen Herren von Mainz hatten schon früh ihr Auge auf dieses riesige Buchen- und Eichenreich geworfen und es für sich gewinnen können. Das Halali ihrer Hörner zerriß die Stille, die Hohe Jagd bescherte reiche Beute. Der Wald hatte nunmehr Getier und Geheimnis mit den Menschen zu teilen.

Dazu zählte das Geschlecht der Echter, Förstersleute zunächst und seit Beginn des 14. Jahrhunderts verbrieft. 1412 erhielten sie vom Mainzer Erzbischof für ihre Verdienste um die Erschließung des Spessarts »die Wüstung und Hofstätte, genannt der Espelborn«. Über Generationen und Zeiten hinweg wuchs darauf das heutige Schloß Mespelbrunn, ein Märchentraum …

Die klaren Linien der Renaissance kokettieren mit den Senkrechten des Waldes und den waagerechten des Wassers. Der hohe Bergfried und ein niedriger gedrungener Turm, der im Erdgeschoß die Kapelle birgt, rahmen den Wohnbau. Giebel und Turmhauben im Wechsel prägen des Schlosses schönste Ansicht. Drinnen gibt es herrliches Interieur und als Höhepunkte einen Rittersaal mit Waffen und Rüstungen, einen Chinesischen Salon, die bereits erwähnte Kapelle sowie den Gobelinsaal, der jedoch den Anlaß seines Namens, eben jenen riesigen Familienteppich aus dem Jahre 1564, nach Würzburg verloren hat. Wie man weiß, ist auch Julius Echter, der zusammen mit Eltern und Geschwistern auf besagtem Teppich abgebildet ist, diesen Weg gegangen. Hat dort, als Fürstbischof, Macht gewonnen und Geschichte geschrieben. Die Sage vermeldet, daß sein berühmtes Spital nur einem Mißverständnis entsprungen sein soll. Dreimal habe er sein Testament zu den Seinen nach Mespelbrunn geschickt. Freilich jedesmal mit drei Zitronen obenauf. Kein Wunder, daß die Verwandten nichts begriffen und die Sendungen ungeöffnet zurückgehen ließen. Des Fürstbischofs Gewissen aber war nun rein, und er konnte beruhigt sein Vermögen den Armen und Kranken stiften. Die Märchen in und um Mespelbrunn sind offenbar ohne Zahl ...

Und die anderen Burgen und Schlösser des Mainvierecks? Beginnen wir im Nordwesten mit Alzenau. Die Burg hat zwei Gesichter. Ein düster-trutziges und ein helles, das alles überstrahlt: Der hohe Palas wurde vor Jahren vollständig restauriert und prunkt stolz in Weiß. Burg Alzenau ist zwar nicht ganz so alt wie andere nachbarliche Anlagen (um 1400), dafür aber nicht minder reich an ungewöhnlichen Beziehungen und Begebenheiten. Da gab es zum Beispiel bis 1500 das sogenannte »Freigericht Wilmundsheim vor dem Berg (das heutige Alzenau)«, ein winziges Territorium, dessen Bewohner direkt dem König untertan waren und im übrigen ihre althergebrachte Gemeinschaftlichkeit – die anderswo schon untergegangen war – pflegten. Man bewirtschaftete das Land zusammen (Allmende) und traf sich alljährlich Pfingsten zum Thing, um die Angelegenheiten der Siedlung zu diskutieren und zu beschließen. Nicht für menschliche Gemeinsamkeit, sondern für Krieg, Haß und Hinterhalt steht die Silvesternacht 1634/35 auf Burg Alzenau. Während die Kaiserlichen im Übermut des Triumphes von Nördlingen zechten, schenkte der wendische Mars seine Gunst den Reformierten, die in Stadt und Burg eindrangen und das neue Jahr so beginnen ließen, wie das alte geendet hatte – mit Blut.

Von Alzenau ist es nicht weit bis Aschaffenburg. Dorthin zog es nach einem abenteuerlichen Wanderleben, J. J. W. Heinse aus Langewiesen im Thüringerwald. 1786 wurde er Vorleser beim Kurfürsten von Mainz, drei Jahre später Bibliothekar am erzbischöflichen kurmainzischen Hof in Aschaffenburg. Ob er auch sein eigenes Buch, den Künstlerroman »Ardinghello und die glückseligen Inseln« vorgelesen hat – jene Beschreibung einer utopischen Gesellschaft mit Gütergemeinschaft, Aufhebung der Klassenunterschiede und Befreiung der Frau aus den Zwängen der Ehe und dem Theorem, daß allein das ungehemmte Streben nach Genuß und Schönheit Glückseligkeit verheißt?

Unvergleichlich das massige Bild in rotem Sandstein, das der Renaissance Meisterwerk, Schloß Johannisburg, bietet. Als wäre es in einer dunklen stürmischen Nacht aus dem Main emporgestiegen, beherrscht es, in regelmäßiger Vierung errichtet, das Bild. Scheinbar fest und unverrückbar, hat dieser Bau des Elsässers Ridinger im 2. Weltkrieg doch großen Schaden genommen, und es bedurfte eines zweiten Wunders, um ihn – mit Hofbibliothek und Schloßgalerie – wiedererstehen zu lassen.

Als südöstlicher Eckpunkt jener nach einer Seite offenen Flußquadratur darf Miltenberg gelten, eine Kleinstadt mit malerischen altfränkischen Zügen und dem Markt als Höhepunkt. Ein Ort für Träumer. Dazu paßt die Burg am Berghang, die den Namen der Stadt trägt (oder umgekehrt), wobei durch die wirklichen Stürme und jene des Lebens das »T« weichgeschliffen worden sein könnte. Tatsächlich hat die ehemalige Schutzveste der Mainzer Erzbischöfe ihre Besitzer so oft gewechselt, daß man sich fragt, wie sie dabei sie selbst bleiben konnte. Leider war auch die segensreiche Zeit unter dem vielseitig begabten und initiativreichen Musenfreund Carl Gottlieb Horstig und trotz Unterstützung durch Ludwig I. (der die Burg mehrfach besuchte und Horstigs Witwe adelte) nur von beschränkter Dauer. So zählt der Bergfried der Mildenburg seit 1200 die Jahre und Geschichten, deren – vorläufig – letzte davon handelt, wie die Stadt Miltenberg die Burg übernommen hat und herrichtet.

Kleinheubach, die Löwensteinsche Sommerresidenz vor den Toren des Städtchens und dem Main verbunden, ist das prächtige, heitere Gegenstück der düsteren Ritterburg. Beim Bau konnte man sich Johann Dientzenhofers Mitwirkung versichern. Der Park zum Fluß hin ist – wie die meisten anderen auch – englisch geworden inzwischen, was den galanten Zuschnitt der gesamten Anlage zwar beeinflussen, aber nicht verwischen konnte.

Weiter ostwärts schlängelt sich das blaue Band des Mains gen Stadtprozelten, wo der

Spessart der alten Ruine Henneburg einen grünen Buchenkranz windet. Die Ehre ist nicht übertrieben. Die Anlage auf dem Schloßberg tut dem Auge wohl aus der Ferne und auch im Detail. Zweifingrig weisen die beiden Bergfriede den Weg hinauf über die Brücke und das Tor in die Burg. Doppelt auch die Palasse. Wer glaubte, daß sich dadurch – dem alten Wahrwort zufolge – die Burg länger hielte, war im Irrtum. Der Wind, der um die Gemäuer pfeift, weiß um die Kluft zwischen dem Anspruch der Menschen und dem Urteil der Zeit, zu dessen Vollstreckern er zählt …

Anfang des 17. Jahrhunderts explodierte zunächst das Schießpulver, dann schossen sich die Kanoniere der Kaiserlichen auf Burg Wertheim ein – mit dem zweifelhaften Ruhm, sie zur zweitgrößten Burgruine Süddeutschlands gemacht zu haben. Bis ins 19. Jahrhundert hinein holten sich die Einwohner Steine für ihre Häuser herunter … Wer den Berg über der Taubermündung hinaufsteigt und über die steinerne Brücke und durch das von zwei Türmen gesicherte Tor in den Hof gelangt und von dort weiter zur Oberen Burg mit dem Bergfried (und auch ein wenig mit der Historie vertraut ist), wird sich hier vielleicht jener ökumenischen Episode nach dem Westfälischen Frieden erinnern, der die evangelischen Löwenstein-Wertheim-Freudenberg und die katholischen Löwenstein-Wertheim-Rosenberg verpflichtete, gemeinsam in der Burg zu residieren und auch die Grafschaft zusammen zu regieren.

Für solcherlei Toleranz, vor allem aber für ein gläubiges Leben in froher jugendlicher Gemeinschaft steht zuallererst Burg Rothenfels, als nordöstlichster Punkt des Vierecks untrennbar mit dem katholischen Jugendbund »Quickborn« und dem Wirken Romano Guardinis verbunden. Die wehrhafte Anlage überm Main stammt aus dem 12. Jahrhundert; aus dieser fernen Zeit sind auch zwei Türme und der Bergfried im Buckelquadergewand auf uns gekommen. Diese Standhaftigkeit wurde zum Symbol für das Wirken des »Quickborns«. Sowohl durch die Begegnungen auf der Burg als auch durch die Schrift »Die Schildgenossen« (von Guardini und J. Außem herausgegeben) strahlten die Signale von Rothenfels weit in die deutschen Lande hinein. Wie gefährlich diese Botschaft des inneren und äußeren Friedens für die nationalsozialistischen Menschen- und Welteroberer gewesen ist, beweisen das Verbot des Bundes und die Beschlagnahme der Burg.

Ritter, Dichter, Visionäre

Die erste Kunst des Hochmittelalters war jene an den Waffen. So hat Wolfram sie zu beherrschen gelernt, aber sein Sinn stand eher nach dem rechten, dichterischen Gebrauch der Worte. Darin hat er es, vor allen anderen seiner Zeit, zur Meisterschaft gebracht – obwohl er selber weder des Lesens noch des Schreibens mächtig war. Sein vollständiger Name: Wolfram von Eschenbach. Ziemlich gesicherter Geburts- als auch Sterbeort: Eschenbach bei Ansbach (jetzt Wolframeschenbach). Das ritterliche Wappen: Gelbes Schild und auf dem Helm einen roten Topf, in dem fünf tulpenähnliche weiße Blumen leuchten …

Was irdische Güter betraf, war er im wahrsten Sinne des Wortes ein armer Ritter. »Daheim in meinem eigenen Haus / freut auch sich selten eine Maus …«, reimte er. In den acht erhaltenen Minneliedern preist er unüblicherweise keine fremde, sondern die eigene Frau. Seine größte und die Zeiten überdauernde Dichtung, das in Mittelhochdeutsch geschriebene Epos »Parzival« (um 1200), umfaßt 28 840 Verse und bringt das Rittertum mit der christlichen Heilslehre in Beziehung, woraus eine große Vision vom rechten, gott- und menschengefälligen Leben erwächst. Den im Mittelalter wohlbekannten Stoff vom König Artus und der Gralsrunde aufgreifend, läßt Wolfram seinen Helden Parzival die schwierige Balance zwischen irdischem Glück und religiösen Geboten vollbringen. Vor allem: Sein Bild von Gott ist nicht das des höchsten Lehnsherren, sondern jenes des allmächtigen Schöpfers …

Wolframs fürstliche Gönner saßen in Thüringen und Franken. Er war sowohl Gefolgsmann des Grafen von Wertheim als auch Stipendiat des thüringischen Landgrafen Hermann auf der Wartburg und der Herren von Durne auf Burg Wildenberg im Odenwald. Die oft mit der Gelnhausener Kaiserpfalz verglichene Anlage überm Mudbachtal wurde zwar im Bauernkrieg zerstört, ist jedoch – mit herrlichen staufischen Bauplastiken – selbst als Ruine noch beeindruckend. An einem Fenster findet sich ein in Stein gehauenes Zitat aus dem »Parzival«: »O WE MVTER.« Auch heißt die Gralsburg bei Wolfram »Munsalwasch«, was Wildenberg bedeutet. Anders als im Falle von Schloß Sternberg, das auf Grund seiner Imposanz die Phantasie des Volkes erregte und so zur »Gralsburg des Grabfelds« wurde, ist sich die Forschung heute über den Zusammenhang von Wolframs »Parzival« und der Burg Wildenberg ziemlich einig. Den riesigen Kamin, von dem er in seiner Dichtung schreibt, kann er nur hier gesehen haben …

Dreihundert Jahre später. Eine andere Burg, ein anderer Ritter: Ulrich von Hutten. Auch er Dichter und Visionär. Als es darauf ankam, zögerte er nicht, seine Ideen mit der Waffe durchzusetzen. Als Angehöriger eines alten rauflustigen und unabhängigkeitsbewußten fränkischen Reichsrittergeschlechts, dessen Spuren noch heute allenthalben zu finden sind, initiierte er 1522 mit dem geächteten Franz von Sickingen eine bewaffnete reichsritterliche Rebellion. Ihr Ziel war, die Abhängigkeit vom römischen Klerus sowie die Zersplitterung des Reiches zu überwinden und die Größe und Einheit der Nation wiederherzustellen. Ihre Hoffnung bildete die Reichsritterschaft: Nach Hutten »… eine große Macht und Stärke deutscher Nation. Dann ihr' seind viel und geübt in Kriegen, uber das sieht man noch bei ihn' einen Schein alter Tugend, gute Gewohnheit und den Deutschen angeborne Redlichkeit.« Seine Vision gipfelte in einer Adelsdemokratie (mit dem »gemeinen Adel« als Basis und einem Kaiser an der Spitze).

Als »Nemo« (Niemand), wie es in einem Vers von 1512 heißt, aus Italien zurückgekehrt, wurde er 1517 vom Kaiser zum »Poeta laureatus« gekrönt. Korrumpieren ließ er sich dadurch nicht, im Gegenteil. Er wurde immer lauter. Legte Wert darauf, daß man seine Dichtung auch verstand. Schrieb sie nicht in lateinischer Sprache, wie seine gelehrten Freunde aus den Humanistenzirkeln, sondern in deutscher:

Latein ich vor geschrieben hab,
Das war eim jeden nit bekannt.
Jetzt schrei ich an das Vaterland,
Deutsch Nation in ihrer Sprach …

Und:

Wohlauf, ihr frommen Teutschen nun,
Viel Harnisch han wir und viel Pferd,
Viel Hallenbarden und auch Schwert.
Und so hilft freundlich Mahnung nit,
So wollen wir die brauchen mit.

Der Ausgang der reichsritterlichen Rebellion ist bekannt: Die Zeit war, so ihre Entschuldigung, für derlei Pläne noch nicht reif. Der von Sickingen wurde gleich getötet, der von Hutten langsam. Der flüchtige, todkranke Mann hatte auf einmal – von Zwingli abgesehen – keine Freunde mehr …

Um den Spuren derer von Hutten in Franken zu folgen, bedarf es einer längeren Reise. Burgen und Schlösser (u. a. Hammelburg und Thüngen) sowie der Park in Veitshöchheim sind mit Namen und Wirken dieses Geschlechts verbunden.

Ulrich von Huttens Burg Steckelberg liegt heute im Hessischen. Die Ruine thront über Ramholz im Kinzigtal, ihre heutige Anlage datiert von 1388. Es stehen noch die rechteckige Umfassung, Reste eines Wohnbaues und ein Turm. Wer die Wahrheit wissen will über den besonders von den Romantikern so verklärten Burgenalltag, lasse sich durch Huttens Brief (an seinen Freund Willibald Pirkheimer in Nürnberg), der sich auf Burg Steckelberg bezieht, ernüchtern: »Gleichgültig, ob eine Burg auf einem Berg oder in der Ebene steht, so ist sie auf jeden Fall doch nicht für die Behaglichkeit, sondern zur Wehr erbaut, mit Gräben und Wall umgeben, innen von bedrückender Enge, zusammengepfercht mit Vieh- und Pferdeställen … Überall stinkt es nach Schießpulver, und der Duft der Hunde und ihres Kotes ist auch nicht lieblicher, wie ich meine. Reiter kommen und gehen, darunter Räuber, Diebe und Wegelagerer … Und welch ein Lärm! Da blöken die Schafe, brüllt das Rind, bellen die Hunde … (Auslassungen E.-O. L.). Und jeden Tag kümmert und sorgt man sich um den folgenden, immer ist man in Bewegung, immer in Unruhe.« Von Burgenromantik also damals noch keine Spur …

Glossar

Acht: Der »in Acht« Getane, Geächtete war aus der Gemeinschaft des Dorfes, der Herrschaft oder des Landes ausgeschlossen und konnte von jedem bußlos getötet werden.

Angriffsseite: Die am leichtesten zugängliche, feindbedrohte Seite einer Burg.

Arkaden: Auf Säulen oder Pfeilern ruhende, zumeist mehrgeschossige Bogengänge.

Bergfried: Hauptturm einer Burg zur Beobachtung und Verteidigung, wurde auch als Zufluchtsort der Besatzung genutzt.

Bering: Ursprüngliche Bezeichnung für die Umwallung einer Burg.

Buckelquader: Steinblöcke mit glattem Randschlag und buckliger Außenfläche.

Doppelkapelle: Burgkapelle mit zwei Geschossen, die Herrschaft und Gefolge trennten.

Feste (Veste): Früh- und hochmittelalterliche Bezeichnung für einen befestigten Ort, für Feste Häuser und Burgen.

Festung: Große Wehranlage des 16.–19. Jahrhunderts, auch Stadtbefestigung.

Gaden: Landwirtschaftlich genutztes, einräumiges Bauwerk zur Verwahrung von Vorräten, im engeren Sinne Schatz- und Vorratshaus in einer Kirchenburg.

Ganerbenburg: Unter mehreren Erben eines Rittergeschlechts oder einer Interessengemeinschaft von Adligen aufgeteilte Burganlage.

Halsgraben: Zumeist künstlich geschaffener tiefer Graben, der die Burg vom Berg trennte.

Kastell: Mittelalterliche Benennung für eine Burg oder eine befestigte Stadt; abgeleitet vom römischen »castellum«.

Kemenate: Heizbare Räumlichkeit einer Burg und von daher auch für ein ganzes Gebäude stehend.

Minnesänger: Adlige aus dem Ritter- und Ministerialenstand, die seit der Mitte des 12. Jahrhunderts das Ideal der höfischen Liebe bedichteten und besangen.

Ministerialen: In Deutschland seit dem 12. und 13. Jahrhundert Geburts- und Berufsstand, dessen Angehörige zur Oberschicht gehörten.

Palas: Hauptwohngebäude der Burg, zumeist mehrgeschossig.

Patrozinium: Schutz, den ein Heiliger einer Kirche beziehungsweise ein Grundherr seinen Untertanen gewährte.

Pfalz: Zur Zeit der Karolinger und der Salier unbewehrte Königshöfe, in denen diese, durch das Land reisend, residierten.

Schildmauer: Besonders starke Mauer an der Angriffsseite einer Burg.

Stift: Durch Stiftungen (Schenkungen) entstandene, mit besonderen Privilegien ausgestattete Ordensklöster der Benediktiner, Zisterzienser, Augustiner-Chorherren, Prämonstratenser, Kollegiaten. Auch Domkapitel und Bistümer konnten Stifte beziehungsweise Hochstifte werden.

Truchseß: Hofamt, ursprünglich Küchenmeister. Später als Hausmeier einflußreichster Beamter, seit dem 13. Jahrhundert oberster Minister und Stellvertreter des Landesherren.

Register

Kursiv gesetzte Zahlen verweisen auf die Farbabbildungen.